St. Helena Library
1492 Library Lane
St. Helena, CA 94574
(707) 963-5244

*No entiendo
mucho de vinos...
pero domino
el arte de la cata*

Grupo **ROBIN
BOOK**

Barcelona - México
Buenos Aires

No entiendo mucho de vinos... pero domino el arte de la cata

Giuliano Massini

BONVIVANT

BONVIVANT

Un sello de Ediciones Robinbook
información bibliográfica
Industria 11 (Pol. Ind. Buvisa)
08329 - Teià (Barcelona)
e-mail: info@robinbook.com
www.robinbook.com

© 2011, Ediciones Robinbook, s. l., Barcelona
Diseño de cubierta e interior: MC producció editorial
Ilustraciones: José María Pérez Martell
ISBN: 978-84-96054-50-9
Depósito legal: B-28.565-2011
Impreso por Limpergraf, Mogoda, 29-31 (Can Salvatella),
08210 Barberà del Vallès

Impreso en España - *Printed in Spain*

Índice

Introducción

Rojo cereza, voluminoso, café, sedoso, incienso, tonos violeta…, son palabras que podemos leer en las etiquetas de las botellas de vino o escuchar de los entendidos y catadores profesionales, pero, realmente, ¿qué significado tienen?

Los catadores de vino y sumilleres expresan con esta terminología el resultado de aplicar algunos de sus sentidos –vista, olfato, gusto y tacto– al observar, oler y saborear un vino, comparándolo con los colores, olores y sabores que permanecen en algún rincón de su memoria fruto de muchos años de trabajo y experiencia.

La intención de esta obra no es la de ser un manual de consulta para el catador o enólogo profesional, ya hay mucho escrito sobre el tema, sino una pequeña guía para todo el que interesado por el buen beber, que desea conocer un poco más sobre el vino con el que acompaña sus comidas, además, no debemos olvidar que vivimos en un país de buenos vinos los cuales forman parte de nuestra cultura y como tal, debemos preocuparnos un poco por sus orígenes y sus vicisitudes y por toda la gente que dedica su vida y esfuerzos por ofrecer unos vinos de una calidad reconocida internacionalmente. Por otra parte, no se puede olvidar cómo se ha de conservar y servir el vino para poder ser consumido en óptimas condiciones, por tanto, antes de empezar con la cata, me permito dar unos consejos sobre estos temas, ya que en muchas ocasiones no son seguidos con el rigor que se merecen y hacen que el resultado esperado no sea completamente satisfactorio.

Como complemento, se ha incluido una breve descripción de las principales uvas destinadas a la obtención de vino, así como un glosarios de términos enológicos.

De la uva
al vino

Un poco de historia

Las primeras noticias que tenemos del vino seguramente son las que aparecen en el Antiguo Testamento (Génesis 9:20) y se refieren a Noé y las consecuencias que padeció por beber un poco más de la cuenta un jugo de uvas que había fermentado. Es muy posible que la cultura del vino se remonte mucho más tiempo atrás aunque no tengamos evidencias de ello. Sin embargo, se ha podido comprobar, a partir de numerosas pinturas encontradas en sus tumbas, que los antiguos egipcios sí conocían el cultivo de la vid y los procesos de vinificación.

Los dátiles, las uvas y otras frutas eran utilizadas para la obtención de vino en el antiguo Egipto. En la imagen, detalle de vendimia y pisado de uvas en una de las paredes de la tumba de Nakht (Dinastía XVIII).

Con el transcurso de los años y con el inicio del comercio marítimo por el Mediterráneo realizado por los fenicios hace más de 3.000 años, y continuado por griegos y romanos después, el vino se convirtió en un objeto de intercambio comercial muy apreciado, por lo que se extendió rápidamente hacia Occidente.

Por aquel entonces el vino era guardado en toneles, en odres confeccionados con pieles de cabra y ánforas impermeabilizadas con aceites y trapos engrasados; por lo que el aire estaba en contacto con él en todo momento y su conservación no podía alargarse mucho y debían ser consumidos en un periodo corto de tiempo.

Los romanos demostraron mejor cuidado con sus vinos y eran famosos sus *Falernianos,* pues conseguían conservarlos algo más de un año utilizando recipientes más herméticos. Aunque no fue hasta la introducción de las botellas con corcho cuando el vino consiguió madurar completamente.

Ánfora romana utilizada para la conservación y transporte marítimo del vino. En el fondo del Mediterráneo reposan miles de piezas como ésta que no consiguieron llegar a buen puerto.

Con el avance del Imperio, los romanos plantaron viñedos por el norte de África y toda Europa, llegando hasta Gran Bretaña, de esta forma se satisfacía el consumo local sin la necesidad de transportar el vino con los problemas que ello acarreaba.

Con el paso de los siglos y la consolidación de la fe católica, fueron los monjes de los monasterios, principalmente cistercienses, del siglo XXII los que dedicaron

Pisado de la uva, xilografía del *Tratado de la agricultura* de Pier de Crescenzi, editado en 1493.

especial atención a la cultura del vino, ya que, no en vano, era considerado la sangre de Cristo por lo que podía ser consumido sin problemas. Ello les sirvió para poder acercarse a la gente de los pueblos y, con la excusa de dar a conocer las técnicas del cultivo de la vid y el arte de la elaboración del vino, convertir al cristianismo a esas gentes, y, si el vulgo se convertía gracias al vino, no fue menos para la nobleza y las monarquías, en cuyas fiestas el vino era bebido en grandes cantidades.

Con el renacimiento comienza una nueva etapa en la historia del vino, porque es en los siglos XV y XVI cuando se mejoran los sistemas de vinificación, por lo que algunos vinos, como los de Borgoña, Champaña y Burdeos, en Francia, comienzan a adquirir la fama que los hará célebres. Sin olvidar a famoso monje Dom Perignon que descubrió la forma de preparar el actual champán.

Posteriormente, a mediados del siglo XIX, Europa padeció la gran plaga de la filoxera, lo que condujo a la desaparición de millones de hectáreas dedicadas al cultivo de la vid, motivo por el cual muchos terrenos se dedicaron posteriormente al cultivo de cereales y árboles frutales o se convirtieron en masa forestal. A partir de este momento, los productores decidieron cambiar la cantidad por calidad y plantaron nuevas viñas con vides injertadas utilizando el pie de la vid americana, resistente a la filoxera, técnica que se mantiene hasta nuestros días.

Las diferencias de los vinos

Lo que diferencia un vino de otro es, por un lado, la variedad de uva que interviene en su elaboración y, el más importante, la zona de cultivo de las viñas; también está el tipo de terreno donde crecen las cepas, aunque su influencia es muy sutil. Por tanto, como en la actualidad hay una serie de uvas, principalmente de origen francés, que forman parte de muchos vinos en mayor o menor proporción, la diferencia la marca realmente el clima y el microclima de las zonas de cultivo, llegando incluso a afectar la cantidad de horas de sol que reciben las viñas y la orientación de éstas, de ahí que algunos productores separan las cosechas y utilizan las mejores uvas de una zona determinada de sus viñas para elaborar sus más preciados caldos bajo la categoría de «milesimé». En la Península Ibérica y sus zonas insulares existen seis tipos de climas claramente diferenciados, y cada uno de ellos tiene diferentes zonas vinícolas que confieren unas características especiales a sus vinos.

Paisaje de viñedos en la zona mediterránea, donde alternan con los bosques de encinas y pinos.

Zonas climáticas

El clima atlántico es quizá el que manifiesta más diferencias climáticas por tener unas zonas muy diferenciadas y alejadas entre sí. En primer lugar tenemos los viñedos del norte de la isla de Tenerife, que reciben los vientos alisios que van cargados de humedad. En esa zona se producen vinos con una acidez alta y un grado alcohólico no muy elevado. Ya en el continente, Galicia, una zona que recibe los húmedos vientos del Atlántico y las continuas borrascas, produce unos vinos procedentes de uvas generalmente poco maduras, lo que les confiere una acidez alta y graduaciones moderadas. La tercera zona corresponde a la cornisa cantábrica, donde se encuentra el conocido chacolí, los blancos frescos y ácidos y los tintos muy secos.

El clima atlántico continental. Como la anterior, esta zona mantiene la humedad procedente del océano, pero las noches son más frías. En él existen tres zonas vinícolas con diferentes características. La zona del Bierzo, situada entre Castilla y Galicia, por su cercanía a esta última disfruta de un clima netamente atlántico. La zona de Navarra, cuya orografía impide que la influencia del mar sea menor tendiendo más a un clima continental y la Rioja Alta, con un clima prácticamente igual que el de la zona de Navarra. Todas ellas producen unos vinos muy equilibrados procedentes de uvas bien maduradas con una graduación alcohólica entre 12 y 13 grados.

El clima continental atlántico es característico por las lluvias de primavera y otoño y por el contraste de temperaturas entre el día y la noche, además de tener unos días con una fuerte insolación, lo que permite que la maduración de la uva sea muy buena. En esta zona se encuentran las denominaciones de Ribera de Duero, Toro, Rueda y Cigales, donde podemos encontrar unos tintos de gran calidad y unos blancos muy afrutados.

El clima atlántico mediterráneo es una extraña combinación de la influencia de los dos mares, aunque parece que el Mediterráneo tiene más poder que su vecino. Aquí se encuentran las zonas de Jerez y Huelva, donde podemos encontrar los famosos vinos de Jerez y los generosos, de alto contenido grado alcohólico (los generosos tienen alcohol añadido) y moderada acidez.

El clima continental mediterráneo es el que seguramente abarca la mayor parte de la Península Ibérica. En él se localizan zonas vinícolas muy diferentes entre sí, pues comprende las zonas de Castilla-La Mancha, Montilla Moriles y Ribera de Guadiana en la zona sur. Campo de Borja, Cariñena y Calatayud en Aragón; Costers del Segre en Cataluña; el sur de Navarra, la Rioja Baja y la Rioja Alavesa. En todas estas zonas se producen vinos con una mayor graduación alcohólica y acideces muy bajas.

Finalmente tenemos el clima mediterráneo, donde las lluvias son escasas y la altitud respecto al mar es menor. Ocupa toda la franja costera, desde la provincia de Málaga hasta el límite de la frontera francesa y ahí encontramos las denominaciones de Málaga, Bullas, Jumilla, Alicante, Valencia, Terra Alta, Priorat, Tarragona, Penedés, Alella y Empordà, en la península, y Binissalem i Pla i Llevant, en las Baleares. Debido a su extensión, los vinos tienen características diferentes en cada zona.

Dentro de estos climas podemos encontrar en cada zona microclimas específicos ocasionados por ríos, diferentes altitudes, la orientación de las laderas de los valles o la influencia del mar. Todos ellos producen ciertos efectos en los procesos de maduración de las uvas que finalmente hacen que un determinado vino tenga unas propiedades especiales y diferentes del resto de los de la misma denominación de origen.

La vendimia es un proceso laborioso que normalmente se hace a mano cuando se trata de seleccionar los mejores racimos destinados a los vinos de más calidad. También se puede realizar con maquinaria especializada.

La cosecha de la uva

La vendimia o cosecha de la uva consiste en la recogida del fruto maduro para su posterior proceso en la bodega. La época de vendimia, en el hemisferio norte, varía según la latitud y la altitud y puede empezar en el mes de agosto en las zonas más meridionales, hasta las vendimias tardías que pueden llegar a ser en el mes de diciembre.

Decidir el momento en que se debe realizar la vendimia es el factor clave que determinará la calidad del vino. En la actualidad acuden a las viñas verdaderos expertos en el estudio de las uvas para saber cual es el momento idóneo para realizar la cosecha. Ya no valoran el equilibrio entre azúcar y acidez que se perseguía hace unos años, ahora se realiza un análisis del grado de taninos y antocianos que contiene el fruto; ya no se busca la madurez del granos, sino la de las pepitas, ya que si están completamente maduras no habrá problemas con los rastros vegetales que aparecen durante las largas maceraciones para obtener vinos de calidad. En cuanto a si la cosecha se ha de realizar a mano o mecánicamente, las discrepancias continúan existiendo. La mecánica se puede hacer de forma más rápida aunque parece que produce ciertas agresiones a las cepas por los movimientos de agitación que las máquinas producen, por lo que los grandes viticultores prefieren confiar este trabajo a las manos expertas de los vendimiadores que seleccionarán los racimos que están en su punto, dejando los inmaduros para una cosecha posterior.

En lo que hace referencia a las vendimias tardías antes mencionadas, éstas normalmente se realizan en países muy fríos, en los que la maduración de la uva es tan lenta, que incluso se cosechan las uvas con las primeras heladas del invierno, cuando la uva se ha deshidratado mucho y su concentración de azúcar es muy alta. Por otra parte, en otros países que esto no sucede, a veces se dejan sobremadurar los racimos para poder elaboras vinos muy dulces o pasificados. También son conocidos los vinos procedentes de uvas que se han visto afectadas por un hongo llamado *Botrytis cinerea* que transmite al vino un sabor muy particular y son muy apreciados para acompañar alimentos tan selectos como puede ser el *foie*.

El proceso de elaboración del vino

Una vez se ha realizado la vendimia empiezan los diferentes procesos para la elaboración del vino. Para transportar las uvas hasta las bodegas es mejor hacerlo en cajas de poca capacidad en vez de utilizar grandes contenedores; de esta forma la el grano de la uva se deteriora poco y además se evitan fermentaciones prematuras cuando la uva es aplastada.

Tras el transporte y una vez en la bodega, las uvas se suelen analizar para determinar su acidez y contenido de azúcar. Antes se estrujar la uva, en muchas ocasiones se procede al despalillado, sobre todo cuan-

Antigua prensa de vino convertida en pieza de museo y muy diferente a las utilizadas en la actualidad.

do se trata de obtener vinos tintos de calidad. Esta operación consiste en eliminar el escobajo o parte herbácea del racimo.

Una vez realizada la operación anterior, los granos de uva pasan a la estrujadora, la cual ejerce una presión suficiente para romper el grano de una, pero no las pepitas y los escobajos para no contaminar el mosto. La pasta que se obtiene en el estrujado se traslada a las prensas procurando que no entre en contacto con el aire para que no se inicie la fermentación.

Si los procesos hasta ahora descritos son comunes para todos los tipos de vinos, los que continúan pueden variar dependiendo del vino que se vaya a obtener.

Vinos blancos

El vino blanco se puede obtener a partir de uvas blancas o tintas. El prensado acostumbra a ser gradual, los primeros mostos obtenidos con poca presión son conocidos como *yema*, *flor o lágrima* y, naturalmente, son los de más calidad. Posteriormente y al ir aumentando la presión, se obtienen primeros, segundos y terceros mostos que van de mayor a menor calidad. La pasta sobrante u orujo, sirve para la elaboración de aguardientes o para posteriores aplicaciones agrícolas, como piensos o abonos.

Una vez se ha obtenido el mosto, se procede al desfangado, es decir, a la separación de las partes herbáceas de las uvas. Para ello, hay que dejar reposar el mosto durante unas horas para que las partículas sólidas se depositen en el fondo y luego decantar el mosto limpio antes de empezar la fermentación. Por otra parte, hay ocasiones que se deja macerar el mosto con sus hollejos –maceración pelicular– para aumentar el potencial aromático de vino gracias a las moléculas aromáticas que hay en las pieles.

El siguiente proceso es el de la fermentación mediante la cual una parte de los azúcares contenidos en la uva se convierten el alcohol por la intervención de las levaduras o fermentos. En este proceso es muy importante controlar la temperatura, ya que si es muy elevada se producirá una muerte de las levaduras así como la densidad, pues es la que determina la cantidad de azúcar residual con la finalidad de obtener un vino seco, semi-seco o dulce.

Una vez el mosto ha fermentado y se ha convertido en vino, continuarán los procesos de *trasiego,* para dejar los residuos sólidos en el recipiente anterior; *clarificado,* en el que se utiliza una substancia clarificante que arrastra al fondo los residuos sólidos que se encuentran en suspensión y que no se han eliminado anteriormente; *filtrado,* parecido al anterior, pero utilizando otros medios, como elementos o membranas porosas para, finalmente, ser embotellado.

Todo este proceso puede durar unos meses, cuando se trata de vinos jóvenes, o varios años durante los cuales el vino se puede envejecer en barricas, generalmente de roble.

La mayoría de bodegas realizan la fermentación de los mostos en depósitos de acero inoxidable, donde se puede controlar mejor la temperatura y tienen unas óptimas condiciones higiénicas.

Vinos rosados

El proceso de elaboración del vino rosado es muy similar al blanco, en él se utilizan uvas tintas o una mezcal de tintas y blancas. Una vez prensadas las uvas, el mosto se deja en maceración con los hollejos –sangrado– durante unas horas para que adquiera color. Esta operación se acostumbra a realizar a baja temperatura para evitar que comience la fermentación. Luego se procede al desfangado y a continuación empieza la fermentación de la misma forma que se produce el los vinos blanco.

Tras los trasiegos, clarificados y filtrados, se embotella el vino para su consumo. su almacenamiento no debe ir más allá de un año, pues los vinos rosados no soportan bien el envejecimiento.

Vinos tintos

Para elaborar los vinos tintos siempre son necesarias uvas tintas cuyo mosto fermentará en compañía de

Barricas de madera
apiladas en una bodega,
donde el vino reposa a
temperatura constante
en periodos que van
de los seis meses para
los crianzas, un año los
reservas y dieciocho
meses los gran reserva.

las partes sólidas de éstas –hollejo y pepitas–. El despalillado es obligatorio es este tipo de vinos, ya que
no interesa que los raspones transmitan los sabores
herbáceos o amargantes de la parte leñosa del racimo.

Tras la fermentación alcohólica, donde las materias colorantes existentes en los hollejos se disuelven
en el mosto, se procede al *remontado*. Este proceso
consiste en bombear el mosto de la zona inferior de la
cuba hacia la superior y con él «regar» la superficie
donde se encuentran los hollejos que han sido empu-
jados por el gas carbónico que se produce durante la
fermentación, así, se activa la extracción de los pigmentos existentes en los hollejos, los cuales también
son removidos periódicamente. A continuación se realiza el *descube* o trasiego del líquido a otro depósito
para separarlo de la materia sólida, la cual vuelve a
ser prensada para obtener el *vino de prensa,* muy rico
en color y taninos, el cual no se suele mezclar con el
resto a menos de sea de una gran calidad.

Después de la primera fermentación, la alcohólica,
viene una segunda conocida como *fermentación maloláctica,* en la cual, el ácido málico, con un fuerte sa-

bor vegetal, se convierte en ácido láctico, mucho más suave y untuoso que transmite al vino suavidad y finura.

Una vez finalizadas las fermentaciones y tras los diferentes procesos antes explicados, el vino puede ser embotellado o pasar a barricas para su crianza y envejecimiento en contacto con la madera por un periodo que dura entre seis y dieciocho meses.

Vinos espumosos

Para la obtención de un vino espumoso el procedimiento es el mismo que el utilizado para los vinos blancos. Una vez se ha obtenido un *vino base,* que ha de ser muy pálido, limpio y afrutado y que no tenga más de 11 grados, se procede a una segunda fermentación. Esta puede ser en botella, para los cavas y champanes, o en depósitos herméticos de acero inoxidable, también conocido como método *granvas,* destinado a la obtención de espumosos de calidad media y cuyo proceso dura veintiún días.

Máquina embotelladora de vino para producir la segunda fermentación en las bodegas y convertirse en cava. Tiempo atrás las botellas se tapaban con un tapón de corcho, pero en la actualidad se utiliza el tapón corona, mucho más barato y más fácil de abrir en el proceso del degüelle.

Para los cavas se aplica el *método tradicional*, y consiste en producir la segunda fermentación del vino al que se han añadido fermentos y azúcar dentro de la botella, manteniendo el vino en ésta durante un periodo no inferior a nueve meses en el que las botellas permanecen en reposo en posición horizontal, posteriormente pasarán a los pupitres en posición inclinada y con el tapón hacia abajo para que los residuos sólidos se precipiten hacia la boca de la botella. La siguiente operación será la del *degüelle* con la finalidad de extraer los posos; se rellenarán con una mezcla de cava y licor (jarabe de azúcar) de expedición en diferentes concentraciones según se desee un cava dulce, semi-seco o brut, el brut nature no contiene licor de expedición, y ya podrán ser puestas a la venta.

El vino y su servicio

La conservación

Si somos de los que compramos una caja de vino o varias botellas de una misma marca cuando vamos de viaje, nos la trae un amigo o pertenecemos a uno de los clubes de vino que periódicamente te manda su selección, hemos de pensar cual es el lugar idóneo de la casa para que nuestras botellas se conserven en el mejor estado posible.

El vino ha de reposar tranquilo, ha de estar exento de vibraciones, por tanto, hemos de buscar un lugar alejado de posibles fuentes que produzcan vibraciones, como las lavadoras, compresores de aire acondicionado o cualquier otra máquina y, además debe permanecer en un lugar oscuro, ya que la luz potencia la oxidación del vino. Si vivimos en una casa, es preferible guardar los vinos en una habitación orientada al norte, pues será la más fresca de la casa. Ha de estar bien ventilada y que mantenga una humedad entre el 65% y 75%, una humedad relativa inferior al 60% provoca que el corcho se seque y pueda entrar aire en la botella. En el otro extremo, una humedad superior al 80% puede producir mohos, malos olores y bacterias perjudiciales para el vino.

El vino es un elemento fundamental en cualquier tipo de comida. Elegir el vino adecuado para la misma es garantía de éxito.

Imagen de lo que no ha de ser un rincón
para conservar los vinos.

En muchas ocasiones, un rincón del garaje alejado de los humos, es una buena solución. Si vivimos en un piso o en un apartamento, donde el espacio es más reducido, podemos utilizar alguno de los armarios de la casa, donde los cambios de temperatura sean mínimos, lo ideal es que se mantenga entre 15 y 16 ºC.

Las cocinas no son un buen almacén para el vino, ya que las variaciones de temperatura son constantes y los olores de nuestros guisos pueden afectar al vino.

También existen en el mercado unos armarios frigoríficos especiales para la conservación óptima del vino, aunque su precio no está al alcance de todos los bolsillos.

En cuanto a la posición en la que se deben guardar las botellas hay diversidad de opiniones, hay quien dice que han de estar en posición horizontal para que el corcho se mantenga húmedo y no pierda estanqueidad y hay quien sostiene lo contrario, que han de estar en posición vertical para que el vino no adquiera sabor a corcho, en cualquier caso, la mayoría de estantes y armarios botelleros que se encuentran en el mercado son para colocar las botellas horizontalmente con una pequeña inclinación no superior al cinco por ciento. Por lo que respecta al tiempo de conservación, éste va-

Armario frigorífico especial para la óptima
conservación de las botellas de vino.

ría según la variedad de uva con la que se ha elaborado
el vino y que puede rondar entre los veinte años para
un Rioja o un Ribera de Duero, en el caso de los tintos,
hechos a partir de uva Cabernet Sauvignon, hasta los
ocho de un Priorato, Jumilla u otros provenientes de
uvas Monastrell, todo ello dependiendo del tipo de
crianza y la concentración de taninos que contengan.
En cuanto a los blancos, su evolución es más rápida y,
por tanto, su vida es más corta, con casos excepcionales como los de los grandes espumosos de la región de
Champagne o algunos vinos muy dulces. Los rosados
han de ser consumidos dentro del año de su cosecha.

Botellero
adecuado
para conservar
las botellas
en casa.

Dependiendo del plato a servir, tenemos que saber qué vino debería servirse. Unas pequeñas pautas serían:

1. Blancos ligeros. Pescados blancos.
2. Blancos con cuerpo. Pescados azules, mariscos y salsas.
3. Tintos ligeros. Carnes rojas.
4. Rosados. Carnes blancas.
5. Tintos con cuerpo. Carnes rojas y caza.

Si nos limitamos a comprar las botellas necesarias para consumirlas de forma inmediata, sólo tendremos que dejarlas reposar unas horas a la temperatura adecuada. No obstante, es importante que nos fijemos cómo y dónde están colocadas las botellas en el comercio, evitando comprar aquellas que están en el escaparate o expuestas al sol.

Por otra parte, sería bueno preguntar al bodeguero si hace mucho que tiene el vino en su establecimiento, ya que, salvo que sea una tienda especializada, es muy posible que las condiciones de almacenamiento y conservación no sean las idóneas para el vino, sobre todo si se trata de un cava; si nos dicen que hace varios años que tienen esas botellas guardadas, olvidémonos de comprarlas, ya que el cava se ha de consumir dentro de los doce meses siguientes al degüello.

Las botellas

La botella de vino es el contenedor necesario para guardar y mantener el vino en condiciones hasta su consumo, una vez ha pasado por el envejecimiento necesario en barricas de madera de roble.

Sus formas y colores son variadas, y cada región vinícola ha adoptado una de ellas para conservar sus caldos.

Para los vinos tintos se suelen utilizar botellas de color oscuro en sus versiones Borgoña o Burdeos.

Diferentes tipos de botellas

Borgoña

Burdeos

Tokay

Rhin-Moriles

Cava-Champán

Chianti

Franconia

> De una botella de vino, salen seis copas llenas.
> Las copas de vino tinto se sirven hasta la mitad y las de blanco, tres cuartas partes.
> Nunca sirva dos botellas en una misma copa, aunque sean de la misma marca y del mismo año.

Para los blancos, las botellas acostumbran a ser de colores claros o trasparentes, adoptando las formas Rhin o Burdeos.

En el caso de los rosados, las botellas casi siempre son trasparentes y de la forma Rhin.

En todos los casos las botellas normalmente son de 75 cl (3/4 de litro), aunque cada vez más algunos bodegueros acostumbran a embotellar sus vinos en botellas de 50 cl (1/2 litro) para su venta a restaurantes, de esta forma, cuando una persona va sola a uno de estos establecimientos no es necesario que pida una botella de 75 cl.

También existen botellas identificativas y exclusivas de algunos vinos, como los de Chianti, con su protección de mimbre; y otras de formas extrañas como la Franconia, muy utilizada por un conocido bodeguero portugués.

En cuanto a los espumosos, aquí acostumbra a haber una unidad casi absoluta entre los productores, con los casos excepcionales de algunas cavas que utilizan botellas especiales destinadas a sus reservas más exclusivas.

El tamaño de las botellas

Aparte del tamaño «normal» de 75 cl (o 750 ml), hay otros muchos y no todas las botellas son iguales. Las hay «dobles», «medias», etcétera, pero todas estas tienen nombres propios por los que se las conoce, y estos son:

1,5 litros = 2 botellas → Magnum
3 litros = 4 botellas → Doble magnum o Jéroboam en Borgoña
4,5 litros = 6 botellas → Jéroboam en Burdeos o Rehoboam en Borgoña
6 litros = 8 botellas → Imperial en Burdeos, o Mathusalem en Borgoña
9 litros = 12 botellas → Salmanazar
12 litros = 16 botellas → Baltasar
15 litros = 20 botellas → Nabucodonosor

Podemos encontrar tamaños mayores, pero son muy raros, por ejemplo:

20 litros = 28 botellas → Solomón
27 litros = 36 botellas → Primat

Según cuentan, estos nombres los eligieron los productores de champaña franceses a finales del siglo XIX por lo pomposos que eran, deseosos de dar un toque de «glamour» a sus vinos.

El servicio

Para empezar, cada tipo de vino tiene una temperatura de servicio adecuada que nada tiene que ver, sobre todo en los blancos y rosados, con la de cata, que suele ser más elevada (entre 17 y 19 °C). Por lo que es recomendable averiguar cual es la temperatura idónea para el vino que vamos a beber.

Como norma general, salvo que la etiqueta del vino no indique lo contrario, se puede establecer la siguiente regla:

- Blancos jóvenes: entre 8 y 10 °C.
- Blancos de crianza: entre 10 y 12 °C.
- Rosados: entre 10 y 12 °C.

Orden de servicio de los vinos:

1. Por su color: se sirven antes los blancos que los tintos.
2. Por su edad: se sirven los más jóvenes y luego los más añejos.
3. Por su sabor (cuerpo): primero se sirven los más suaves (de menos cuerpo) y luego los más intensos (de más cuerpo).
4. Por su contenido en azúcar: primero los secos y luego los dulces.

- Espumosos: entre 7 y 10 °C.
- Tintos jóvenes y suaves: entre 14 y 16 °C.
- Tintos de crianza: entre 16 y 17 °C.
- Tintos añejos de reserva y gran reserva: entre 17 y 18 °C.

Por tanto, hay que saber que cuando se dice que el vino tinto se bebe a temperatura ambiente, es la temperatura existente en la bodega, entre 16 y 18 °C, que no tiene nada que ver con la temperatura «tropical» a la que está el vino en muchos comercios y restaurantes. Pidamos sin complejos una cubitera con hielo para enfriar el vino a la temperatura adecuada, que siempre será fresca (¿recuerda aquel baño en el mar a principios de verano?, el agua estaba a 20 °C).

Los sacacorchos

El siguiente paso es abrir la botella, la cual, sobre todo si se trata de un tinto reserva o gran reserva, ha de ser tratada con suma delicadeza, ya que es muy posible que contenga residuos sólidos –posos– que pueden enturbiar el vino. Si la acabamos de comprar, es mejor dejarla reposar unas horas en un lugar fresco y ventilado para que los residuos se depositen en el fondo. Luego, con cuidado, procederemos a la extracción del corcho después de haber cortado la cápsula que cubre el tapón.

Aquí nos encontramos con una serie de sofisticados aparatos de dudosa utilidad y es válida aquella frase que dice: «lo mejor es enemigo de lo bueno».

Recomiendo un sacacorchos sencillo de palanca, como los que utilizan los camareros. Con un buen tirabuzón de acero, preferiblemente recubierto de teflón, ya que se introduce mejor en el corcho y no lo rompe.

Hay que sujetar firmemente la botella por la parte central, si está fría y húmeda se puede cubrir con un paño de cocina limpio, e introducir perpendicularmente y con cuidado la punta del sacacorchos en el centro del corcho, para ir girándolo lentamente (ver figura) –¡nunca hay que darle vueltas a la botella!– hasta que haya entrado más o menos una cuarta parte, para luego introducir el resto sin problemas.

Uno de los problemas que podemos tener si no introducimos el sacacorchos adecuadamente es que se puede romper el tapón.

Si el sacacorchos es de buena calidad no nos tendremos que preocupar por romper la base inferior del cocho, ya que la punta de acero lo perforará y no quedará ningún residuo.

Siempre se debe limpiar la boca de la botella de vino, una vez descorchado, antes de proceder a servir el mismo cubriendo la botella con una servilleta o un trapo limpio. También se puede verter un poco de líquido en una copa vacía para eliminar los posibles trocitos de corcho.

Pasos para extraer un tapón

sacacorchos de «camarero»

introducir la punta
en el centro del tapón

girar en el sentido
de las agujas del reloj

continuar el giro
hasta introducir
completamente la espiral

apoyar el primer fulcro en
el borde de la botella y tirar
de la palanca hacia arriba

apoyar el segundo fulcro en el borde de la botella
y tirar de la palanca hacia arriba hasta extraer el tapón

Además del de «camarero» o «mayordomo», existen en el mercado otros modelos que resultan ciertamente útiles (ver la figura de la página 19), como el clásico de empuñadura y tirabuzón, muy apropiados para las salidas al campo; el sacacorchos de láminas o lengüetas, especialmente recomendado para tapones muy viejos, ya que las láminas se introducen entre el cristal del cuello de la botella y el corcho y, tirando cuidadosamente de la empuñadura, lo extraen sin romperlo. Los de extracción continua, formados por una larga espiral, la cual, al hacer tope el borde de la botella en el resalte interno del sacacorchos, al girar la espiral, ésta va «tirando» del tapón hasta extraerlo completamente. También están los conocidos de doble palanca, también llamados, por su apariencia, ángeles; o los sofisticados «screwpull» muy apropiados cuando se han de abrir muchas botellas.

Todos ellos los podrá adquirir en comercios especializados, dónde le explicarán su funcionamiento.

Para abrir las botellas de vinos espumosos, debemos actuar con precaución, ya que en muchas ocasiones, sobre todo cuando se trata de botellas recientemente degolladas, al aflojar el morrión el tapón sale disparado y el líquido se derrama.

Para evitar que esto suceda, primero hemos de cubrir la botella con un paño limpio, ya que al estar fría la humedad del aire se condensa en su superficie y está mojada, luego, con el dedo pulgar de la mano izquierda, sujetaremos la parte superior de tapón, mientras que con la derecha aflojaremos el morrión hasta quitarlo por completo; si se puede, también retiraremos la placa metálica que lo acompaña con la finalidad de evitar posibles lesiones en la mano. Toda

Si necesita enfriar un vino, no lo haga de forma brusca, y mucho menos echándole hielos al mismo o metiéndolo en el congelador. Se puede meter en una cubitera con hielo y agua fría con tiempo suficiente antes de descorcharlo.

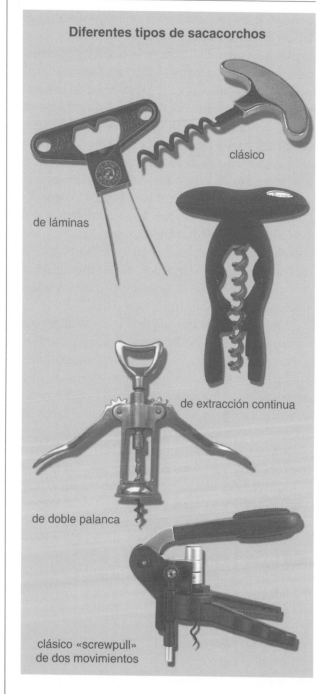

Diferentes tipos de sacacorchos

clásico

de láminas

de extracción continua

de doble palanca

clásico «screwpull»
de dos movimientos

esta operación la realizaremos siempre sujetando con el pulgar la parte superior del tapón, a continuación pasaremos a asir el tapón con la mano derecha (al revés si somos zurdos) y con la otra sujetaremos la parte inferior de la botella. Realizaremos un movimiento giratorio con ambas manos en sentido contrario, para poder aflojar suavemente el tapón e irlo extrayendo poco a poco, si el tapón «se resiste», podemos utilizar unas tenacillas especiales que se pueden adquirir en los comercios especializados, aunque un clásico cascanueces también no será de gran utilidad.

Con la botella inclinada ligeramente acabaremos de quitar el tapón con suavidad para que el gas salga lentamente. Hemos de oír cómo se escapa poco a poco, sin pegar un taponazo. El ruido producido por el gas ha de ser suave y la cantidad la adecuada, además será un indicativo inicial para saber si está a la temperatura idónea, si sale mucho gas puede que esté «caliente» o que es de baja calidad y, si sale poco, es que está demasiado frío o que está «pasado» porque ha permanecido más tiempo del aconsejado en la botella, unos doce meses.

El decantador

Una vez abierta la botella se puede pasar a servir el vino en las copas, salvo que se trate de vinos en los que se recomienda su decantación, como ocurre con los vinos jóvenes y robustos, para así poder favorecer su calidad aromática, o el filtrado (en caso de que existan sedimentos en el fondo de la botella). Para ello se utilizarán jarras o botellas de cristal de diversas formas (ver figura), en las que los fondos anchos permiten que los vinos puedan liberar sus aromas o las que tienen el cuello largo y el fondo estrecho, que impiden que estos desaparezcan demasiado pronto. De la botella o decantador hemos de pasar el vino a la

El trasvase del vino de la botella al decantador ha de realizarse con sumo cuidado. Sobre todo si el vino tiene sedimentos producidos por el depósito de taninos o por unos pequeños cristales parecidos a gránulos de azúcar llamados bitrartratos (bitartrato potásico), que pueden formarse durante la vinificación.

copa. Aquí entramos nuevamente en un mundo donde la moda y el diseño muchas veces está en desacuerdo con lo práctico. Es preferible utilizar copas de cristal fino, transparente, incoloras y sin tallas o decoraciones.

Las copas de servicio y la copa de cata

Muchos de nosotros guardamos primorosamente la cristalería que heredamos de la abuela con sus maravillosas copas de fino cristal tallado, las cuales, con el paso de cada Navidad, han ido perdiendo un miembro de su familia. Desgraciadamente, los años y la exigencia a la hora de beber un buen vino, han demostrado que no resultan ser las más apropiadas para poder percibir todas las cualidades de nuestros caldos. Existe una copa adecuada para cada tipo de vino, ya sea blanco, tinto, espumoso o licoroso que ayuda a la manifestación de las propiedades organolépticas de cada vino, pero la inversión que hay que realizar y el espacio que hemos de disponer para guardarlas si queremos disponer de una buena cristalería completa es importante.

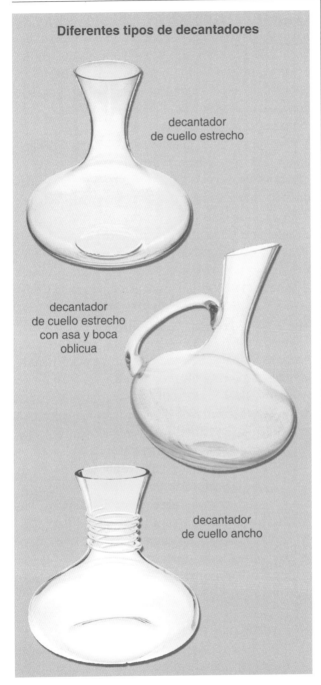

Diferentes tipos de decantadores

decantador
de cuello estrecho

decantador
de cuello estrecho
con asa y boca
oblicua

decantador
de cuello ancho

La forma y tamaño de las copas varía según que vino que vamos a tomar. Para los espumosos se suelen utilizar las copas de tulipa o flauta, ya que en llas se puede apreciar mejor la formación de burbujas y además conservan mejor la permanencia del gas en la copa, y potenciar su complejidad en el paladar, cosa que no sucede en las antiguas copas abiertas tipo «Pompadour» (dicen que por su semejanza y tamaño con los pechos de la famosa dama).

Para los vinos de Jerez y licorosos se utilizan unas copas de menor tamaño que las usadas para blancos y tintos y con la boca más estrecha, para que se mantengan mejor los aromas de estos caldos.

Las copas utilizadas para el vino blanco suelen tener un volumen menor que las de vino tinto ya que los blancos no necesitan tanto espacio para su oxigenación, y además así se conservan mejor los aromas más volátiles.

Para el vino tinto se suelen utilizar copas más anchas, con forma de balón, en las que se pueden apreciar mejor su color y addemás favorecen a airear mejor los vinos que han pasado largos años en su botella, pudiendo ser más cerradas de boca para los vinos con bajo contenido en tatinos y más abiertas para aquellos que su cantidad de taninos es más elevada.

Por todo lo anteriormente explicado, podemos concluir que la forma de la copa puede cambiar sutilmente el sabor del vino, pero ¿hasta dónde puede llegar nuestra percepción para tener que utilizar toda una serie de copas para diferentes vinos?, personalmente creo que sólo unos cuantos profesionales son capaces de determinar las diferencias, por lo que, como regla general, una copa a de tener:

- Una boca que se cierre ligeramente para que se puedan concentrar los aromas y evite que se derrame el vino al agitarlo. Una copa más o menors cerrada conducirá el vino a una región distinta del paladar.

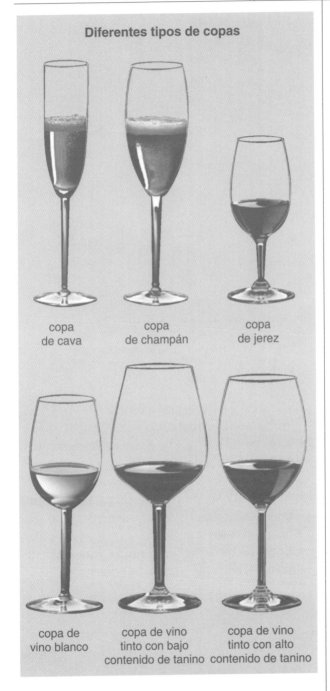

Diferentes tipos de copas

copa
de cava

copa
de champán

copa
de jerez

copa de
vino blanco

copa de vino
tinto con bajo
contenido de tanino

copa de vino
tinto con alto
contenido de tanino

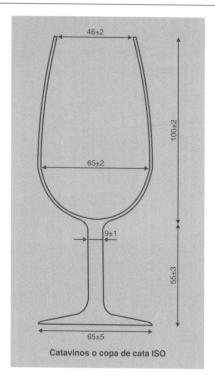

Catavinos o copa de cata ISO

- La forma y tamaño del balón ayudará en el desarrollo aromático del vino.
- La longitud del tallo ha de ser lo suficientemente larga para poder sujetar la copa con comodidad.
- El pie ha de ser proporcionado para ofrecer una buena estabilidad y lo suficientemente grande para poder asir la copa.
- El cristal ha de ser fino y nítido, para poder observar el color del vino sin interferencias.

Una copa adecuada para servir el vino deberá:

1. Tener la boca más estrecha que la parte baja.
2. Ser lisa y transparente.
3. Tener un tamaño suficientemente grande.
4. Ser tipo «flauta» para los espumosos.

Sin embargo, como en el mundo de la cata se intenta limitar al máximo la influencia de la copa sobre las sensaciones olfativas y gustativas, la International Standard Organization (ISO) ha diseñado un tipo de copa llamada «catavinos ISO» (ver figura en la página anterior) que ofrece unas garantías de imparcialidad para el catador profesional o aficionado, las cuales también se pueden adquirir en comercios especializados.

A partir de aquí empezaremos a catar el vino, cuyo proceso se divide en tres partes, la vista, el olfato y el gusto.

La vista

Para poder observar el vino lo primero que debemos hacer es servirlo en la copa, que ha de estar limpia y no debe llenarse más de una tercera parte, para que se pueda agitar suavemente sin que el vino se derrame.

Hemos de estar en una habitación bien iluminada con luz natural o blanca.

La copa se sujeta por el pie o base y se inclina sobre fondo blanco, con la finalidad de poder observar el aspecto, el color y su matiz como se ve en la figura.

Observación de la copa sobre fondo blanco para poder apreciar mejor el color y su matiz.

Lo primero que hacemos al servir un vino es ver su aspecto y su color, con lo que ya en ese momento dispondremos de la primera información sobre su naturaleza y estado, lo cual nos ayudará en los análisis posteriores.

El color del vino procede de las uvas que se han utilizado en su elaboración, ya que los hollejos de éstas contienen sustancias pigmentantes de color amarillo, las antoxantinas, y de color rojo, las antociantinas. Estas dos sustancias son las que dan colores variados que van desde los amarillos, pasando por los rosados y rojos, hasta llegar a tonalidades violestas, moradas o azuladas.

En las uvas blancas existen únicamente las antoxantinas, por lo que sólo se podrán obtener de ellas vinos blanco; mientras que las tintas poseeen las dos sustancias pigmentantes, las antoxantinas y las antociantinas.

La materia pigmentante de las uvas se encuentra localizada y encerrada en las células de los hollejos y no se libera hasta que se rompe la piel del grano por maceración, con lo que el color pasa poco a poco a los mostos. Además de este color básico que trasmiten las uvas, los efectos de la elaboración, crianza y envejecimiento, entre otros, aportan cada uno de ellos una serie de carácterísticas que determinarán el color del vino.

Aspecto

En la copa, el vino puede tener diferentes aspectos:

- Turbio
- Opalescente
- Claro
- Limpio
- Brillante
- Cristalino

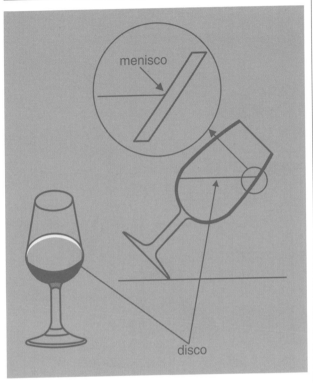

Cuando se inclina la copa y se observa el disco que se forma en su superficie podremos ver si ésta es brillante o mate y además, en la zona que el vino contacta con la pared de cristal de la copa, podemos apreciar cómo se funde el vino con el cristal formando una curvatura o menisco en el cual, cuando se trata de un vino tinto, la tonalidad cambiará de color y nos sumisnistrará información sobre su edad, su estado y su conservación.

Adjetivos que por sí solos definen el aspecto que el vino posee y, como es natural y salvo excepciones, van de peor a mejor.

Color

En lo que al color se refiere, varían con la edad, la conservación y la oxidación y son:

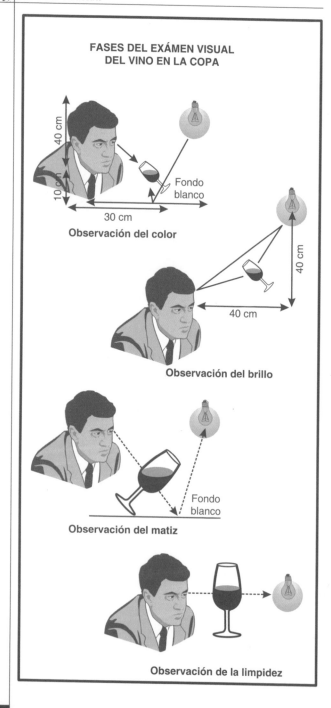

FASES DEL EXÁMEN VISUAL
DEL VINO EN LA COPA

Para los tintos:

- Morado
- Púrpura
- Rojo picota
- Rojo cereza
- Rubí
- Teja
- Cebolla

Para los blancos:

- Amarillo verdoso
- Amarillo pálido
- Amarillo dorado
- Dorado
- Caoba
- Ámbar
- Cebolla

Para los rosados:

- Violeta
- Rosa fresa
- Grosella
- Salmón
- Anaranjado
- Cebolla

En todos los casos el color cebolla indica que el vino ha llegado al final de sus días.

Otras cualidades

Además del color, al agitar o inclinar la copa podremos observar los siguiente:

- Si el vino es joven, podrá formar espuma y será muy fluido.

- Si las lágrimas son densas o espesas, denotará que tiene más glicerina y, consecuentemente, más alcohol.
- Si en un tinto vemos un borde o menisco amarillento o de color ladrillo, denotará vejez.
- Si por el contrario, el borde es granate o violáceo, quiere decir que se trata de un vino joven.

Finalmente, en los espumosos, que siempre es preferible servirlos en copa de tulipa, podremos observar las burbujas generadas por el gas carbónico (CO_2) producto de una segunda fermentación obtenida por diferentes métodos, las cuales nos ofrecen los siguiente datos:

Una burbuja pequeña y fina, que sube verticalmente formando un largo rosario y que produce poca espuma denota calidad y madurez.

Las burbujas grandes y alocadas que normalmente provocan que el vino salga de la copa, corresponden a espumosos de baja calidad o muy jóvenes.

Las burbujas de los espumosos han de ser pequeñas y formar finas hileras que ascenderán lentamente hasta la superficie.

Resumen de los caracteres debidos a la fase visual

Viscosidad	Limpidez	Intensidad del color
De aguja	Atrayente	Abierto de color
Efervescente	Brillante	Capa media alta
Glicérico	Claro	Cubierto
Perlado	Incoloro	Débil
Tranquilo	Limpio	De intensa capa
	Nebuloso	Impenetrable
	Opalescente	Ligera capa
	Traslúcido	Muy intenso
	Turbio	Muy poco intenso
	Velado	Opaco

	Matiz	
Blancos	Rosados	Tintos
Acaramelado	Asalmonado	Ambarino
Alimonado	Clarete	Caoba
Ambarino	Fresa	Cardenalíceo
Caoba	Fresón	Cereza
Cobrizo	Grosella	Cereza picota
Dorado	Ojo de perdiz	Chocolateado
Leonado	Piel de cebolla	Cobrizo
Limón		Granate
Oro		Ladrillo
Oro viejo		Púrpura
Paja		Rubí
Pajizo		Teja
Verdoso		Violáceo
Yodado		

En los vinos blancos no se habla de capa, sino de reflejos, cuanto más verdosos sean estos más juventud tiene el vino, aumentando los tonos marrones a medida que envejece. En los vinos tintos, los azulados que exhiben los rojos de los vinos jóvenes se transforman en tonos anaranjados con su crianza.

El olfato

El siguiente paso de la cata es el de oler el vino y aquí volvemos a recordar que hay que sujetar la copa por el pie o base con la finalidad de que los dedos estén alejados de la nariz, para que los posibles olores de éstos no interfieran en el olor del vino.

Una vez observado el vino para ver su color, acercaremos la copa a la nariz para oler el vino en reposo o «copa parada» y luego «en rotación», y así podremos observar la diferencia. Hay que resaltar que al acercar la copa a la nariz se perciben aromas y olores.

Los aromas

Los aromas que se perciben al oler un vino son de dos tipos, primarios y secundarios. Los primarios son debidos a la variedad de la uva, teniendo su origen en la materia vegetal de la misma, fundamentalmente la piel u hollejo, no obstante, las pepitas y los raspones en ocasiones también aportan algunos aromas muy particulares, los cuales pueden resultar positivos o negativos según se expresen. Basicamente estos aromas se encuentran en los vinos jóvenes y desaparecen a medida que van madurando.

Hay que lavarse cuidadosamente las manos antes de iniciar una cata para que los posibles olores de éstas no interfieran al oler el vino.

Es fácil detectar aromas florales en los blancos de corta edad, resultando ser algunos muy golosos, lo que a veces induce a beber un poco más de la cuenta, como puede ser el caso de los vinos de moscatel, o algunos de Alsacia, como los famosos blancos procedentes de la variedad Gewürztraminer, o los vinos blancos de Rueda procedentes de uva Verdejo.

En los tintos del año las frutas rojas serán predominantes, y aromas a fresa, frambuesa o grosella negra, los podremos encontrar en los vinos elaborados con Tempranillo, Pinot Noir o Cabernet Sauvignon.

Los aromas secundarios o de fermentación son el producto de las levaduras utilizadas, la forma en que se macera el mosto o por la fermentación maloláctica con la que los vinos tintos adquieren gran suavidad.

La maceración carbónica aporta, en los vinos cosecheros, aromas a plátano o a frambuesa, aunque no es un aroma que vaya más allá de los dieciocho meses.

Finalmente y una vez atenuados los aromas primarios y secundarios con el paso del tiempo, encontramos los aromas del «bouquet o buqué», procedentes del tipo de madera que se haya utilizado. En el caso del roble americano, pueden ser de café, tostado, torrefacto, cuero o animal; y el caso del roble francés, son de vainilla o toffee.

Las series aromáticas, como ya se ha dicho, pueden proceder de flores, frutas, frutos secos, de pastelería, hierbas aromáticas, verduras, torrefacción, especias, maderas, balsámicos, setas, algunos alimentos, como la cerevza o la miel y animales.

Clasificación

Los aromas se clasifican según su naturaleza en:

- Animales: caza, cueros, carne, piel y piel curtida.
- Balsámicos: mentolados, eucalipto, vainillas, aceitosos.

- Etéreos: acetato de isoamilo, laca de uñas, acetona, aldehídos, etanal, caramelo ácido, plátano, levaduras, leche agria, queso, jabonosos.
- Empireumáticos: tostados, humus, ahumados, chimenea, pan tostado, posos de café, caucho, goma, torrefactos, incienso, fuego.
- Especiados: clavo, canela, pimienta, champiñón, boletus, trufa, regaliz, ajo, cebolla.
- Flores blancas, dulces, silvestres y rosas.
- Fruta roja y negra ácida, madura y en sazón, frutos silvestres del bosque, bayas, monte bajo, confitura de frutas, cítricos, fruta fresca, de hueso, exótica.
- Frutos secos: avellanas, nuez, almendra amarga (cruda).
- Hierbas aromáticas, heno, helecho, artemisa, trufa, manantial.
- Maderas: de balsa, de cedro, caja de puros, resina, vainilla, madera vieja, lápiz.
- Químicos: hidrocarburos, farmacéuticos, yodo, alcohol, medicinal.

Los olores

En cuanto a los olores, normalmente proceden del manipulado y la conservación y pueden provenir del

El clavo o la canela son algunos de los aromas que se pueden identificar en ciertos vinos; especialmente los tintos.

dióxido de azufre (SO_2), del ácido sulfhídrico (SH_2), a rancio, sucio, húmedo; o bien a ácido acético (vinagre) o a acetato de etilo cuando el vino empieza a estropearse. En algunos casos también se puede percibir el olor a corcho debido a una mala conservación de la botella.

Resumen de los caracteres debidos al olor	
Intensidad	**Calidad**
Aromático	Afrutado
Baja	Con cuerpo
Débil	Elegante
Desarrollado	Fino
Fragante	Florido
Intenso	Fresco
Neutro	Herbáceo
Perfumado	Maderizado
Pobre	Maduro
	Ordinario
	Vegetal

Todo este proceso, aparentemente sencillo, requiere de aprendizaje, cosntancia y larga práctica, pues lo que estamos haciendo no es más que comparar un aroma u olor determinado con otro que permanece en nuestra memoria olfativa y que en algún momento determinado de nuestra vida hemos percibido.

También se puede entrenar el olfato. Podemos, por ejemplo, acudir a un mercado y oler las frutas exóticas y registrar estos olores en nuestra memoria para que algún día podamos decir que un vino huele a guayaba o a mango, pero si previamente no hemos olido estas frutas, será imposible poder definir un aroma específico. Todo esto requiere sensibilidad y paciencia y largos años de experiencia.

El gusto

Cuando pasamos de la complejidad del mundo de los aromas en el que absolutamente nada es cuantificable al mundo de los sabores, mucho más limitado y cuantificable, todo un abanico de sensaciones se nos abre en el horizonte de los sentidos. Según la zona de la lengua (ver figura en la página 65), las sensaciones gustativas las podemos dividir en:

Ácidos
- Tartárico
- Málico
- Láctico
- Acético

Salado
- Bitartratos

Cloruros
Sulfatos
Frutos secos
Amargo
- Tánicos
- Fenoles
- Ácido succínico
- Exceso de alcohol

Dulce
- Azúcares
- Alcohol
- CO_2

y una sensación táctil (bucal) que nos define la:

Densidad, cuerpo
Sedoso, rugoso, áspero
Cálido, picante
Astringente

No hay que olvidar las sensaciones olfativas a temperatura corporal que nos llegan por vía retronasal y el posgusto, cuya duración se mide en caudalías (segundos de persistencia) y puede ser largo, corto o persistente.

Como se ha comentado anteriormente, la temperatura del vino para la cata debe ser algo superior a la de servicio, ya que si el vino está muy frío, determinados componentes poco volátiles no se podrán apreciar en su totalidad, por lo que la temperatura a la que se suelen catar los vinos está entre 15 y 18 °C para los blancos, rosados y tintos, y más baja para los espumosos, dulces y algunos vinos generosos, pero nunca inferior a 7 °C.

Una vez explicado todo esto, pasaremos directamente a probar el vino. El primer contacto del vino o «ataque» es con los labios y la punta de la lengua, en el que notaremos la temperatura a la que está el vino. Una vez en la boca lo pasaremos varias veces por la lengua, apretándolo contra las encías y el paladar durante dos o tres segundos, intentando descubrir las sensaciones dulces y saladas (las saladas acostumbran a ser sólo percibibles en vinos finos y amontillados), destacando sobre todo las primeras, para saber si el vino es suave, maduro o seco. También podremos percibir la mayor o menor graduación del vino, ya que el alcohol produce una sensación de calidez y dulzura.

Tras esta primera fase viene el «paso en boca», donde volveremos a pasar el vino varias veces por la lengua apretándolo contra el paladar durante siete y ocho segundos, para poder percibir las sensaciones ácidas y amargas.

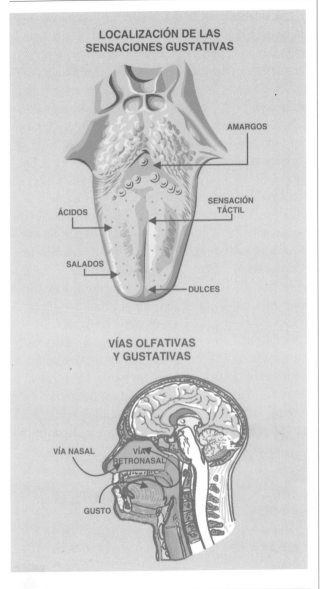

LOCALIZACIÓN DE LAS SENSACIONES GUSTATIVAS

AMARGOS

SENSACIÓN TÁCTIL

ÁCIDOS

SALADOS

DULCES

VÍAS OLFATIVAS Y GUSTATIVAS

VÍA NASAL

VÍA RETRONASAL

GUSTO

Si come queso antes de probar un vino, el sabor de éste se verá notablemente suavizado, de ahí la frase «que no te lo den con queso», ya que antiguamente algunos vinateros poco escrupulosos intentaban vender vinos «peleones» a los compradores poco experimentados.

Las sensaciones ácidas se perciben en los laterales de la lengua y activan la salivación. Las amargas se aprecian en la parte posterior de la lengua y particularmente son debidas a los taninos, sobre todo en los tintos, dejando la lengua rasposa y con sensación de sequedad, ya que cortan la salivación. Además de los sabores, también podremos percibir la temperatura del vino, su viscosidad, la posible presencia de gas carbónico por fermentaciones posteriores en la botella o en los vinos de aguja y los espumosos, lo cual nos ayudará a apreciar la armonía y el equilibrio de un vino. A medida que el vino pasa por la boca también nos llegan algunos aromas nuevos por vía retronasal que se desprenden al aumentar la temperatura, además de otros que ya pudimos detectar levemente el la fase olfativa y que ahora percibimos de forma más intensa. Para acabar llegaremos al «final de boca» en el que deberemos apreciar la persistencia del sabor en la boca, sobre todo en los grandes vinos, que nos han de dejar agradables sensaciones después de haberlo tragado, el cual no ha de ser agresivo ni demasiado astringente. Finalmente, podremos decir que un vino es equilibrado «tranquilo» (excluyendo los espumosos y los generosos), cuando encontremos una igualdad entre dulzura, acidez y amargura.

Resumen de los caracteres debidos al sabor

Gusto azucarado	Gusto ácido	Gusto amargo
Empalagoso	Acerbo	Áspero
Dulzón	Ácido	Astringente
Glicérico	Acuoso	Duro
Meloso	Agudo	Tánico
Pastoso	Anémico	Rugoso
Pesado	Árido	Rasposo
	Breve	
	Corto	

Gusto azucarado	Gusto ácido	Gusto amargo
	Crudo	
	Débil	
	Delgado	
	Descarnado	
	Duro	
	Hueco	
	Mordiente	
	Raído	
	Verde	
	Vacío	

Por su riqueza y equilibrio	Por su grado alcohólico	Por sus defectos
Amplio	Alcohólico	Abierto
Aterciopelado	Ardiente	Acre
Bien constituido	Cálido	A humedad
Breve	Espirituoso	A lías
Carnoso	Flojo	A suciedad
Concentrado	Fuerte	A sulfhídrico
Con armazón	Liviano	A ratón
Con volumen	Pequeño	Con olor a sulfuroso
Corpulento	Pobre	Desvaído
Corredizo	Vinoso	Enfermo
Delicado		Machacado
Delgado		Mareado
De buen esqueleto		Metálico
Elegante		Muerto
Equilibrado		No neto
Graso		Oxidado
Ligero		Pasado
Liviano		Picado
Maduro		Plano
Pleno		Sin franqueza
Poderoso, sedoso sutil, tierno recio, redondo rico, untuoso		

Cómo aprender

Como todo en la vida, la experiencia es un grado y para adquirirla sólo precisamos de tiempo y perseverancia.

Leer muchos libros y artículos en revistas especializadas nos puede aportar mucha teoría, pero necesitamos de la práctica para poder reconocer esos conocimientos teóricos.

Practicar con el vino no es una cosa complicada, pero practicar con muchos vinos sí. Por tanto, existen varios caminos para ir adquiriendo los conocimientos necesarios para convertirnos en un catador. Evidentemente, el más sencillo es iniciarse en el tema por la relación profesional familiar –el reciente «Nariz de oro» de España ha trabajado en el negocio hostelero familiar desde muy joven, por lo que su vida está rodeada por el mundo del vino–, pero no es el más sencillo. Otro camino es el de los estudios profesionales de enología, pero éste es un camino poco atractivo para los no profesionales. Dedicar muchas horas y recursos al estudio no está al alcance de todos.

No sirva vino de mesa en vasos pequeños.

1. No disfrutará del vino.
2. Da la sensación de que está ahorrando o racionando la cantidad.
3. El vino necesita de una copa generosa como su propia naturaleza.

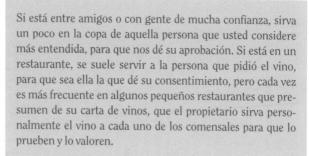

Si está entre amigos o con gente de mucha confianza, sirva un poco en la copa de aquella persona que usted considere más entendida, para que nos dé su aprobación. Si está en un restaurante, se suele servir a la persona que pidió el vino, para que sea ella la que dé su consentimiento, pero cada vez es más frecuente en algunos pequeños restaurantes que presumen de su carta de vinos, que el propietario sirva personalmente el vino a cada uno de los comensales para que lo prueben y lo valoren.

Entonces ¿qué podemos hacer? Una de las mejores formas de iniciarse en la cata de vinos es la de participar en un curso para principiantes impartido por un buen conocedor del mundo del vino y su cata. Es una buena experiencia, sobretodo si lo hacemos con un grupo de amigos o con la pareja, ya que es una forma de romper la rutina diaria y además aprenderemos algo. Los cursos acostumbran a durar unas seis o siete jornadas, normalmente una por semana, y nos introducirán en el mundo de la cata de una forma gradual y, además, será la manera de poder acceder a determinados vinos que, por su precio, acostumbramos a verlos únicamente en las estanterías de las bodegas o anunciados en las cartas de los restaurantes.

Una vez superado el curso con buena nota ¿ya sabemos catar un vino?, creo que no, solamente hemos empezado a reconocer unas pequeñas diferencias, aparte del color, naturalmente.

¿Cómo hemos de continuar?, probando y catando vinos, y apuntando nuestras impresiones en un libro o libreta que podremos encontrar en las tiendas especializadas o utilizar los modelos de fichas de cata normalizadas que aparecen en muchas páginas de Internet.

Cuantos más vinos probemos y apreciemos sus cualidades, más aprenderemos, pero eso supone mucho tiempo, pues normalmente en una cena de cuatro personas podemos abrir un par de botellas de vino y una de cava, y luego mantener una larga tertulia tomando café para que se nos pase el efecto del alcohol y no nos quiten puntos del carné de conducir.

¿Entonces? Una buena solución es la de continuar con el curso de cata «particular», es decir: nos podemos reunir periódicamente un grupo de amigos y con una módica aportación de cada uno comprar una serie de botellas de vino, seis por ejemplo, para hacer una cata comparativa. Ésta es una buena solución, ya que durante una velada, no cena, podemos probar vinos diferentes e intercambiar opiniones. Para ello es bueno poder haber leído antes las fichas de cata, normalmente se pueden encontrar en Internet o en revistas especializadas, o bien, al final de la cata, ver las notas de cata que acostumbran a aparecer en la contraetiqueta de la botella o pedírselas al bodeguero. Esta es una buena forma de aprender a catar un vino, o varios, ya que deberemos esforzar nuestros sentidos para saber si somos capaces de determinar si ese olor a frambuesas, suponiendo que sepamos cómo huelen las frambuesas, lo percibimos o no; lo mismo ha de ocurrir con la vista y el gusto. Cuando se catan diferentes vinos, para eliminar el sabor que nos queda en la boca, para «limpiarla», se puede optar por enjuagarla con agua o comer un trocito de manzana.

Comer galletitas saladas, cacahuetes u otra cosa no es una buena opción. Los catadores en muchas ocasiones escupen parte del vino que prueban; el objetivo de esta operación es única y exclusivamente para no acumular mucho alcohol en la sangre, pues en ocasiones se suelen catar cincuenta o sesenta tipos de vino en una sola jornada, lo que supondría ingerir unos dos litros de vino.

Siempre es mejor realizar las catas unas dos horas antes de las comidas, es decir, a las once o doce de la mañana y a las seis o siete de la tarde.

Estos encuentros se pueden realizar periódicamente, procurando siempre que en cada sesión sólo catemos un tipo de vino (blanco, tinto o rosado), buscando diferentes combinaciones, como por ejemplo un cosechero tinto de la Rioja, uno de la Ribera del Duero, uno del Penedés, uno de Jumilla y uno de Somontano. Otro día podemos probar toda una gama de tintos de una sola bodega. Así, de esta forma podremos apreciar las diferencias entre las variedades de uva y la zona geográfica o bien, qué pasa cuando un vino de una bodega determinada va evolucionando con la edad o si realmente una añada calificada como «excelente» lo es o no.

Así, veremos que con el tiempo podremos ir apreciando la cualidades de unos vinos y las deficiencias de otros y con el tiempo ir incrementando nuestra cultura vinícola, ya que vivimos en un país, España, de buenos vinos, donde las sorpresas son múltiples y agradables, pues, afortunadamente, la cultura del vino ha ido en aumento y las exigencias de calidad y la competencia han empujado a los bodegueros a esforzarse por ofrecer unos caldos cada vez más depurados, aunque, en algunas ocasiones, carentes de personalidad.

Ejercicios de cata

Para poder empezar a catar un vino, lo primero que debemos saber es si tenemos claros determinados conceptos de las sensaciones gustativas que vamos a percibir, para lo cual se pueden realizar una serie de pequeños y sencillos experimentos y así saber los que quiere decir «dulce», «ácido», «salado» y «amargo».

- **Dulce:** se pueden disolver unos veinte gramos de azúcar en un litro de agua para poder apreciar este sabor en toda su intensidad. Posteriormente vaya rebajando las cantidades de azúcar siempre en un litro de agua y compare a ciegas la intensidad de dulzor.
- **Ácido:** para poder reproducir este sabor se puede disolber un gramos de ácido tartárico o ácido

cítrico, que podrá comprar en una farmacia, en un litro de agua. Posteriormente realice la misma experiencia que ha tenido con el azúcar, es decir, ir rebajando poco a poco las cantidades de ácido y vaya anotando sus sensaciones.

- **Salado:** como en los casos anteriores, disuelva cinco gramos de sal común (cloruro sódico) en un litro de agua y haga lo mismo con cantidades inferiores para poder apreciar las diferencias.

- **Amargo:** puede disolver 0,5 gramos de cafeína en un litro de agua y luego concentraciones menores para poder distinguir las diferencias de «amargo» en las distintas concentraciones.

A continuación y ya trabajando con vino, se puede pasar a intentar determinar el grado alcohólico, ya que la cantidad de alcohol modifica el resto de sabores del vino. Para ello podemos comprar tres botellas de vino blanco suave de la misma marca de unos once grados. Uno de ellos lo dejaremos tal y como está, y a los otros dos les añadiremos 9,5 mililitros y 19 mililitros de alcohol de 96 grados respectivamete, con lo que obtendremos unos vinos de 12 y 13 grados. Posteriormente cataremos los tres vinos «a ciegas» para observar las diferencias. Podemos hacer otro ejercicio similar para diferenciar el grado de dulzor, en el que añadiremos uno y dos gramos de azúcar al vino blanco e interamemos ordenarlas por su grado de dulzura.

El siguiente ejercicio consistirá en evaluar la acidez. Para ello comparemos tres botellas de vino tinto, reservando una de ellas y añadiendo a las otras dos uno y dos gramos de ácido tartárico o cítrico. Como en las ocasiones anteriores, cate a ciegas y anote las diferencias.

Se pueden realizar otros ejercicios para reconocer el tacto graso trabajando con muestras de vino blanco y vino tinto a los que habremos añadido dos y cinco gramos de glicerina a los blancos y uno y tres gramos a los tintos y así poder apreciar el peso del vino en la boca y su rdondez. Lo mismo podemos hacer para poder reconocer los defectos causados por el azúfre y el ácido acético (vinagre). Para el primero podemos trabajar con muestras de vino blanco y tinto a las que añadiremos diez y veinte milígramos por litro (para realizar estos ejercicios no es necesario comprar muchas botellas de vino, ya que podemos trabajar con pequeñas cantidades de cada uno de ellos) de anhídrido sulfuroso. Para el ácido acético, que identificaremos claramente como vinagre, podemos hacer los mismo que en el caso anterior, añadiendo 0,2, 0,5 y 0,75 gramos por litro de este producto y así poder apreciar las diferencias de acidez en la cata.

Una vez hayamos «entrenado» básicamente nuestro sentido del gusto con estos ejercicios retrocedemos un momento para volver al sentido del olfato, el cual es quizá uno de los más complejos. Acumular en algún rincón de nuestro cerebro gran cantidad de olores y aromas es una tarea larga y difícil, sobre todo si no tenemos una buena memoria olfativa, además, poder disponer de determinadas frutas, plantas u otros aromas animales o minerales puede llegar a ser imposible.

Para ello se pueden encontrar en los comercios especializados unos estuches con hasta treinta y dos aromas diferentes, entre los que se encuentra los más frecuentes, que nos ayudarán a ir educando nuestra nariz. Los mismos fabricantes también disponen de un estuche con los olores de los principales defectos que puedan tener los vinos.

Ejemplos de cata

Vinos tintos de gran reserva

Como ya hemos dicho anteriormente, uno de los ejercicios que podemos hacer con nuestros amigos es el de la cata comparativa de vinos tintos de gran reserva. Podremos comprar un Cariñena, un Costers del Segre, un Empordà-Costa Brava, un Jumilla, un vino de La Mancha, un Ribera del Duero y un Rioja.

Empezamos por abrir la botella de un Cariñena cosecha de 1999 elaborado con uvas Syrah, Cabernet Sauvignon y Merlot al 25%.

- **Vista:** su color será de un granate oscuro.
- **Nariz:** el aroma será intenso, con notas de reducción de fondo, toque varietales y a tierra mojada.
- **Boca:** carnoso, los taninos redondos, muy equilibrado entre la fruta y la madera y especiado y varietal en el final.

Continuamos con el Costers del Segre de 1996 elaborado con Cabernet Sauvignon en un 75% y Merlot en un 25%.

- **Vista:** su color es u cereza intenso.
- **Nariz:** aroma potente varietal con notas finas de reducción (cuero, tierra húmeda y cedro), recuerdo de pimentón o pimiento correspondiente a la Cabernet.
- **Boca:** es graso, redondo, especiado, fino, roble y vino muy ensamblados, taninos pulidos y retronasal varietal.

El Empordà-Costa Brava del año 2000 está elaborado con uva de las variedades Garnacha, Cariñena, Tempranillo, Syrah y Cabernet Sauvignon, en proporciones que van del 60% para la Garnacha, hasta el 5% para la Syrah.

- **Vista:** su color es cereza algo intenso.
- **Nariz:** aroma fino, tostado (cacao y cedro) con fondo mineral.

- **Boca:** es redondo, graso, algo elegante, sabroso, con taninos fundidos y suaves aunque puede ser algo corpóreo.

El Jumilla es del año 1999 elaborado exclusivamente con uvas Monastrell.

- **Vista:** de color cereza granate con borde atejado.
- **Nariz:** aroma potente, maduro, tostados de roble, matices de confitura y guindas en licor.
- **Boca:** es sabroso con taninos algo rugosos y grasos, toques de dulcedumbre con finas notas especiadas y cierta largura.

El vino de La Mancha pertenece a una cosecha de 1999 y está elaborado solamente con uvas de la variedad Cencibel.

- **Vista:** de color cereza granate.
- **Nariz:** aroma con leves notas frutosas de baja intensidad, ligeros matices ahumados procedentes del roble apenas perceptibles.
- **Boca:** es frutal, algo confitado con ligeros tostados del roble.

El Ribera del Duero es un vino del año 1999 elaborado con un 80% de uva Tempranillo y un 20% de Cabernet Sauvignon.

- **Vista:** de color granate.
- **Nariz:** aroma especiado, pulpa de fruta roja, toques de pimienta.
- **Boca:** es sabroso, algo amargoso, con taninos frutosos y especiado.

El Rioja es una cosecha de 1998 elaborado con una mezcla de Tempranillo en un 80%, Graciano en un 10% y el resto de Mazuelo.

- **Vista:** de color cereza granate con borde cobrizo.
- **Nariz:** aroma algo intenso con tostados y fondo de reducción no muy fino.
- **Boca:** es sabroso, amargoso (torrefactos) y sin grandes matices.

Una vez catados estos siete vinos podemos deducir que la variedad de uvas utilizadas no influye demasiado en el color, que varía del granate al cereza intenso, en cambio en nariz y boca es donde se aprecian las verdaderas diferencias provenientes de la tierra de cultivo y su climatología, las variedades de uvas utilizadas y sus procesos de elaboración.

Vinos tintos de una bodega

Otro ejercicio interesante es catar toda una gama de vinos tintos de una bodega, es decir, un vino del año o cosechero, un crianza, un reserva y un gran reserva, para poder apreciar las diferencias existentes y la evolución del vino. La dificultad que nos podemos encontrar es que muchas bodegas no siempre utilizan su producción para ser sometida al envejecimiento en diferentes fases, si no que destinan una parte de su producción, ya sea separándola por variedades de uva o por la calidad de la cosecha, para elaborar los distintos tipos de vino que ponen a la venta. Además, el momento de comercialización de un determinado vino viene impuesto por la decisión del enólogo que considera que ese vino está en su máximo esplendor, a partir del cual irá perdiendo cualidades poco a poco.

Para realizar esta cata es bueno dejarnos aconsejar por nuestro bodeguero ya que lo que queremos es saber qué pasa con las cosechas de un determinado vino con el transcurso de los años.

Para ello podemos adquirir los vinos de una conocida bodega de la Rioja que en estos momentos tiene en sus bodegas una gama de vinos que va desde un gran reserva de 1995 a vinos jóvenes de 2002. El importe de esta cata nos puede costar aproximadamente 115 euros.

El primero de ellos es un vino de crianza del 2002 elaborado a partir de unas Tempranillo en un 82%, Garnacha en un 14% y Mazuelo en un 4%.

- **Vista:** de color cereza granate con borde cobrizo.
- **Nariz:** aroma intenso con fondo cremoso y matices de fruta fresca y especias dulces.
- **Boca:** sabroso, con taninos algo marcados, toques secantes de roble, algo cálido y graso.

A continuación pasamos a un vino del 2001 elaborado únicamente con uvas de la variedad Tempranillo y observamos lo siguiente.

- **Vista:** color cereza granate cubierto.
- **Nariz:** aroma potente, a confitura de frutos negros con matices cremosos y de fina reducción.
- **Boca:** es sabroso, los taninos son algo marcados y matices secantes que ocultan la expresión de la fruta, especiado.

El siguiente será un vino también del 2001, pero elaborado con un 88% de uva Tempranillo, un 7% de Graciano y un 5% de Mazuelo, cuyos resultados son:

- **Vista:** color cereza intenso.
- **Nariz:** aroma con cierta expresión frutal fresca, notas tostadas y especiadas del roble muy integrado en el vino.
- **Boca:** es sabroso, fresco, equilibrado de fruta y madera, taninos de roble y algo frescos de la fruta, algo cálido.

Después pasamos a un reserva del año 2000 elaborado con las mismas variedades que el anterior, pero con una pequeña diferencia del 1% en la variedades Tempranillo y Graciano.

- **Vista:** color cereza granate.
- **Nariz:** aroma algo intenso, sin gran expresión de reserva.
- **Boca:** es sabroso, algo frutoso y especiado con toques secantes del roble.

El próximo es un reserva del 1999 elaborado a partir exclusivamente de uvas de la variedad Mazuelo.

- **Vista:** color cereza granate con borde cobrizo.
- **Nariz:** aroma intenso, tostado, confitura de frutos negros.
- **Boca:** sabroso, carnoso, matices especiados y de fruta madura, fondo tostado y algo cálido.

Finalmente tenemos un gran reserva del año 1995 elaborado con uvas de la variedades Tempranillo en un 87%, Mazuelo en un 8% y Graciano en un 5%.

- **Vista:** color cereza granate con borde teja.
- **Nariz:** aroma intenso, finas notas cremosas y especiadas, fondo de fruta madura.
- **Boca:** es sabroso con matices algo secantes de la madera, notas de especias dulces y fruta algo fresca al final.

Las diferencias que deberemos apreciar en estas catas de una misma bodega han de ser de dos tipos, por la edad del vino y por las variedades que lo componen. Es interesante ver cómo evoluciona el color, fuerte e intenso en los vinos más jóvenes, para ir tomando tonalidades más oscuras con el típico borde teja en los vinos de más edad. También podemos deducir que los bodegueros no siempre utilizan las

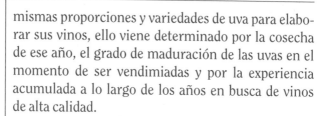

mismas proporciones y variedades de uva para elaborar sus vinos, ello viene determinado por la cosecha de ese año, el grado de maduración de las uvas en el momento de ser vendimiadas y por la experiencia acumulada a lo largo de los años en busca de vinos de alta calidad.

Vinos blancos

La cata de vinos blancos la podemos realizar con vinos de diferentes denominaciones de origen españolas, e incluso algunos vinos de otros países, cosa muy recomendable para aumentar nuestros conocimientos y donde nos encontraremos con agradables sorpresas, ya que en la actualidad, con un mercado mundial globalizado, no es difícil poder conseguir un buen vino de California, Chile o Australia.

Esta cata la dedicaremos a ver las diferencias existentes en algunas de las diferentes zonas vinícolas españolas.

Empezamos por un Ribeiro del 2004 elaborado con uvas de las variedades Treixadura, Torrontés y Jerez.

- **Vista:** color pajizo verdoso.
- **Nariz:** aroma algo corto, menor expresión frutal y varietal.
- **Boca:** con algo de carbónico seco, sabroso, fresco y menor expresión varietal

La misma bodega tiene otro blanco del 2004 en el que sustituye la uva Jerez por la autóctona Loureiro y en que se puede apreciar lo siguiente.

- **Vista:** color amarillo brillante.
- **Nariz:** aroma fresco, con recuerdo de hierbas cortadas (heno), menta.

- **Boca:** con gran expresión varietal, con matices de sabrosidad de acidez, azúcar, persistencia.

Como se puede deducir, se trata de dos vinos completamente diferentes a causa de las diferentes proporciones y variedades de uvas.

Pasamos a la comarca del Penedès famosa por sus vinos blancos y encontramos primero un vino del 2004 elaborado con un 70% de uva Parellada y un 30% de uva Moscatel.

- **Vista:** color pajizo.
- **Nariz:** aroma con notas almizcladas de la moscatel, fresco, frutoso.
- **Boca:** frutal, potente, rico en notas auvadas varietales, sabroso.

De la misma bodega encontramos otro blanco del 2004 elaborado únicamente con uvas de la variedad xarel·lo.

- **Vista:** color pajizo.
- **Nariz:** aroma fresco, frutoso, recuerdos a manzana verde y hierbas frescas.
- **Boca:** seco, frutoso, retronasal varietal (grosellas).

Aquí la variedad de uva no es determinante en el color, pero si existen notables diferencias en su aroma y sabor.

En la zona de denominación de origen Rueda también podemos encontrar unos vinos blancos de gran calidad por la utilización de las uvas Verdejo y Viura.

Primero podemos catar un vino del 2004 elaborado con uvas Verdejo y Viura en la misma proporción que nos da las siguientes notas de cata.

- **Vista:** color pajizo.
- **Nariz:** aroma fresco, con notas de frutos tropicales.
- **Boca:** frutal fresco, sabrosos, con expresión varietal.

La misma bodega nos ofrece otro blanco del 2004 elaborado exclusivamente con unas de la variedad francesas Sauvignon Blanc.

- **Vista:** color pajizo.
- **Nariz:** aroma intenso a hierbas de tocador, toques de lías y flores blancas.
- **Boca:** algo amargoso, toques verdosos de la fruta, acidez muy alta.

Lo que podemos deducir aquí es que aun tratándose de dos vinos de la misma denominación de origen, la variedad de uva es determinante en el resultado final, por lo que es bueno saber que antes de comprar un vino de una D.O. determinada, hay que ver con qué tipos de uvas está elaborado para no tener sorpresas inesperadas.

Dentro de la denominación de origen Rías Baixas encontramos los famosos vinos elaborador con uvas de la variedad Albariño, los cueles, debido al clima de las tierras de Galicia, donde la humedad es alta y el verano corto, el cultivo de la vid se acostumbra a hacer en parras por lo que la maduración de la uva es lenta, pues se produce a la sombra de las hojas.

Aquí recomiendo catar un vino del 2004 elaborado exclusivamente con uvas de la variedad Albariño para poder apreciar sus cualidades.

- **Vista:** color pajizo con reflejos dorados.
- **Nariz:** aroma algo intenso y frutoso, matices especiados y a hierbas finas.

- **Boca:** sabroso, taninos del roble bien fundidos con la fruta, buena acidez cítrica.

En Chile podemos encontrar un buen vino blanco de la zona de Casablanca del 2006 elaborado con la variedad de uvas Sauvignon Blanc que nos ofrece las siguientes notas de cata.

- **Vista:** color amarillo pálido, con tintes verdosos en los bordes.
- **Nariz:** aromas muy poderosos, estilo más herbáceo, de cebollín, cebolla sudada, pipí de gato en un fondo de flores blancas y de frutos como piña verde. Incluso con un tono mineral, muy atractivo.
- **Boca:** fresco, jugoso, con la nota cítrica típica de la zona muy marcada y atractiva. Largo y crujiente.

En Argentina, otro país productor de buenos vinos, podemos encontrar unos blancos de calidad elaborados con la variedad Torrontés, el ejemplo de cata que a continuación se detalla es para un vino del 2000 100% Torrontés.

- **Vista:** color amarillo con tonos plateados y verdes.
- **Nariz:** delicado aroma floral, con suave toque de hierbas.
- **Boca:** fresco y agradable al paladar, bien balanceado.

En la región francesa de Alsacia, entre los vinos que se producen, cabe destacar los que se elaboran con la variedad Gewurztraminer que da lugar a unos vinos de muy buena calidad en los que la maduración de la uva es lenta por lo que las vendimia se realiza avanzado el otoño, con lo cual la uva se ha ido deshidratando poco a poco y el azúcar ha ido subiendo su concentración. Las notas de cata para un vino de esta región de la cosecha del 2002 son las siguientes.

- **Vista:** color amarillento-pajizo.
- **Nariz:** explosión de aromas florales, sobre todo a violetas y a rosas.
- **Boca:** graso y suave, con gran expresión varietal.

Lo que se puede deducir de este conjunto de catas de vinos blancos es que la variedad de uva utilizada es primordial para determinar las características de un vino. Desafortunadamente la globalización también afecta a los vinos y cada vez es más frecuente encontrar caldos carentes de personalidad, ya que algunas variedades de uva se han puesto de moda por la demanda de un determinado tipo de vino, o bien, porque su producción es más rentable, con lo que en algunas regiones se han olvidado las uvas autóctonas y, consecuentemente, la características especiales que ellas trasmitían a los vinos. Esto último se puede aplicar tanto para los vinos blancos como para los tintos.

Vinos rosados

La cata de vinos rosados es quizás la que está más limitada a la cuestión de tiempo, ya que este tipo de vinos no soportan bien el envejecimiento, por lo que su consumo se ha de realizar dentro del año de su producción. Como ya hemos comentado anteriormente, el vino rosado procede de la maceración en frío (sangrado) del mosto de uvas tinas con el hollejo durante unas horas, con lo que se consigue el color, continuando después con el proceso de vinificación común al resto de vinos.

Empezaremos por un Navarra elaborado exclusivamente con uvas de la variedad Garnacha.

- **Vista:** color rosado frambuesa.
- **Nariz:** aroma con notas de frutos rojos silvestres, ligera evolución.
- **Boca:** fresco, de fruta algo pasada, sabroso, falta de expresión frutal.

Podemos continuar con un Penedès elaborado con las variedades francesas de uvas Cabernet Sauvignon y Merlot.

- **Vista:** color rosáceo tendiendo a fresa.
- **Nariz:** aroma algo frutal, cierta expresión varietal, frutos frescos rojos.
- **Boca:** con leves notas de dulcedumbre, sabroso, frutal.

Luego podemos pasar a las tierras manchegas donde el calor hace subir la concentración de azúcar y, consecuentemente, el grado alcohólico de los vinos, para ello podemos buscar un rosado elaborado con la variedad Cencibel en su totalidad.

- **Vista:** color cereza granate con borde cobrizo.
- **Nariz:** aroma intenso, a fruta madura algo reducida (ciruela pasa), matices de madera vieja.
- **Boca:** sabroso, algo graso, especiado, buena expresión de crianza.

En las islas Baleares, en la zona de Binissalem se producen unos vinos con las variedades locales como la Manto Negro o la Callet que aportan sus cualidades específica a sus vinos. Para realizar esta cata se ha escogido un vino de esta D.O. elaborado básicamente con Manto Negro en un 50% y Tempranillo, Callet, y Cabernet Sauvignon en diferentes proporciones. Sus notas de cata son las siguientes.

- **Vista:** color fresa-frambuesa.
- **Nariz:** aroma frutoso, agradable, cierta complejidad varietal.
- **Boca:** sabroso, afrutado, cierta dulcedumbre, persistente.

Como comentario final, sólo hay que decir que no hay que obsesionarse si al principio todos los vinos los vemos igual, nos huelen a lo mismo y tienen un sabor parecido. Si nos aplicamos un poco iremos apreciando las diferencias y reconociendo las propiedades de cada vino, esperando qué podemos encontrar en él cuando compramos una botella, que, en el fondo es lo que nos interesa.

Buena cata y beba con moderación.

No se debe llenar demasiado una copa:

1. El vino precisa de espacio suficiente para «respirar».
2. Debe a la vez poder liberar su magnífico aroma.

La cata y los concursos

Concursos de cata

En casi todos los países se celebran anualmente numerosos concursos dedicados a la cata de vinos tanto para profesionales como para aficionados, en España, el más famoso es el conocido como La nariz de oro, organizado por una reconocida revista dedicada al mundo del vino y de la gastronomía. En él se realizan unas selecciones previas de los mejores sumilleres centralizadas en algunas de las comunidades autónomas, dónde participan un centenar de sumilleres en cada una.

Las actividades que se llevan a cabo en cada una de las pruebas semifinales son las siguientes:

Elección de los mejores vinos

Esta es una prueba se realiza mediante catas ciegas, en las que los profesionales más destacados deciden con su olfato y gusto cuáles son los vinos preferidos. Durante

Los vinos, por su edad, pueden ser:

Sin crianza. Vinos del año cosecheros.
Crianza. 1 año al menos en barrica de roble.
Reserva. 1 año al menos en barrica de roble y 2 años más en botella.
Gran reserva. Más de 2 años en barrica de roble y 3 más en botella.

aproximadamente tres horas los catadores degustarán más de cien vinos cedidos por las bodegas procedentes de las distintas denominaciones de origen de España.

Elección de los mejores sumilleres de España: La Nariz de Oro

Ésta es la prestigiosa prueba La Nariz de Oro y en la que cada año son seleccionados los mejores sumilleres de la zona en la que se realizan las semifinales para participar en la final de Madrid y conseguir el galardón La Nariz de Oro, el mejor sumiller de todo el país.

La prueba consiste en identificar –sólo con el olfato– las principales características de un vino, en una cata de cinco vinos diferentes servidos en copas opacas a los sumilleres más prestigiosos de España.

Los sumilleres que identifican de qué vino se trata y sus cualidades optan al premio La Nariz de Oro, que se entrega en la final que se celebra en Madrid.

Premio regional La Nariz de Oro

Los mejores sumilleres de cada provincia o región en la que se realiza la semifinal, y al mejor de todos ellos se le entrega el premio regional La Nariz de Oro.

Premio Joven Promesa Sumiller

Al mejor sumiller menor de 25 años.

La gran final

Los vinos seleccionados, así como los sumilleres de las diferentes comunidades autónomas elegidos en las semifinales, participarán en la gran final del certamen La Nariz de Oro.

Más de cien sumilleres procedentes de toda España acuden a esta final para elegir los mejores vinos de las distintas denominaciones de origen.

Copa negra utilizada en los concursos de cata «a ciegas» en la que no se puede ver su contenido.

Las actividades de la gran final son las siguientes

Cata final para elegir los mejores vinos

Los sumilleres catan los aproximadamente ciento cincuenta vinos seleccionados en las semifinales. Esta cata, al igual que en las semifinales, es ciega; los sumilleres puntúan el vino sin conocer cuál es, ni la bodega a la que pertenece.

Este procedimiento garantiza que el criterio de los profesionales es el único que existe a la hora de designar los mejores vinos de cada categoría. De ahí el prestigio y la seriedad de este concurso en todos los ámbitos del sector vitivinícola.

Premio final La Nariz de Oro

Los sumilleres seleccionados en las semifinales participan en esta prueba de cata ciega, en catavinos negro (una copa que no permite ver el color del vino).

El ganador de este premio es el sumiller que demuestra mayor agudeza y precisión con el olfato para identificar cuáles son las características del vino servido.

Ficha de cata

La ficha de cata es el documento en el que el catador describe o valora las sensaciones transmitidas por el vino. Existen numerosos modelos según sean descriptivas en la que sólo aparecen los términos más idóneos para describir el vino o de valoración, ficha en la que se califican, por una parte, cada una de las tres fases de la cata vista, olfato y gusto y, por otra, la valoración global del vino.

Para que los catadores puedan reflejar sus juicios sobre un vino, compararlos y conservarlos, debe existir un procedimiento de expresión de resultados común para todos, para ello se utiliza la ficha de cata.

Existen diferentes modelos de fichas de cata, en función del tipo de degustación que se realice, pero todas deben de reunir las condiciones de sencillez de uso, rigurosidad de apreciación y buen conocimiento por el colectivo que debe utilizarlas.

Los aspectos que se contemplan generalmente en ellas son:

- Descripción del vino.
- Características analíticas.
- Estímulos pregustativos, separando visuales de olfativos.
- Estímulos gustativos.
- Sensación de persistencia olfato-gustativa.
- Impresión general del vino.

Generalmente se añade también la hora de degustación y la temperatura del vino. El degustador debe cuidar no dejarse influir por las apariencias externas, no ha de dejarse impresionar por la vestimenta del vino, pues una botella vieja o una etiqueta apergaminada no indican necesariamente calidad (a veces es justamente lo contrario). Su primera regla debe ser «jamás opinar antes de degustar».

FICHA DE CATA DEL INDO - COMITÉ DE CATA

D. Origen   Número ☐☐   Fecha ☐
D- Vitivinícola   Número ☐   Nº del catador ☐
☐ Bodega Número ☐☐☐   Control de calidad Sí ☐ No ☐
☐☐ Número de muestra   Clase de vino ☐   Nº total de puntos ☐
Tipo de vino ☐

		0 Excelente	1 Muy bien	3 Bien	5 Regular	9 Aceptable	8 Eliminado	Factor multiplicador	Total parciales	Observaciones
Fase visual								x1		
Fase olfativa	Intensidad							x2		
	Calidad							x3		
Fase gustativa	Intensidad							x2		
	Calidad							x3		
Armonía								x3		
Total puntuación										

Ficha oficial de cata del INDO español.

Normalmente, para no darle «pistas» al catador, las catas se suelen realizar a ciegas, es decir, con la botella tapada.

Por otro lado, si cuando realizamos una cata con nuestros amigos el intercambio de opiniones es beneficioso, un catador profesional intentará no dejarse influir por los demás. Es mejor «conversar» más con la copa que con el vecino, para no estar condicionado por lo que dicen los demás. Si vuestro gusto es diferente no debéis ocultarlo por un malentendido educado temor a discrepar.

Los vinos

El vino blanco

Los vinos blancos pueden proceder de uvas blancas o tintas, las cuales, una vez prensadas, se hacen fermentar sin la piel.

Los vino blancos han de ser limpios y relucientes. Si los vemos a contraluz o con iluminación lateral, podremos comprobar que su aspecto varía entre el turbio y el cristalino, pasando por las gamas explicadas anteriormente.

En algunos casos, podremos observar unas pequeñas burbujas de gas carbónico, producto de una fermentación secundaria una vez embotellados, sobre todo cuando se trata de vinos frescos y jóvenes.

La superficie ha de estar exenta de partículas flotantes y ha de ser brillante y luminosa.

La intensidad del color dependerá del tipo de uva que se utilice, además del sistema de prensado y del proceso de vinificación. Generalmente la intensidad del color va ligada a la edad del vino, teniendo los jóvenes colores muy pálidos, casi incoloros, hasta llegar a los dorados procedentes de la fermentación en barrica, o, en algunos casos, por la oxidación ocasionada por una mala conservación.

En cuanto al olor, los vinos blancos han de ser aromáticos y la intensidad de éste podrá variar de casi imperceptible o débil a intenso; de suave o discreto a desarrollado y de ligeramente moderado a muy fragante y con buqué. En los blancos secos jóvenes los principales factores que influyen en la cata son de origen varietal, además del estado de maduración en el momento de la vendimia y, naturalmente, del proceso de vinificación.

Hay algunas cepas que producen vinos muy aromáticos, como la albariño y la moscatel o las alsacianas Riesling y Gewürtztraminer. Mientras que otras son menos ricas en aromas varietales, como la Chardonay cuya piel aporta más precursores de aromas después de la fermentación y crianza.

Hay que tener en cuenta que la madurez de las uvas y los procesos de vinificación influirán de forma determinante en el resultado final, por lo que en muchas ocasiones no encontraremos los aromas esperados de una determinada variedad de uva, o bien, podremos comprobar que el vino que estamos catando es «diferente» a otro de la misma marca que habíamos consumido anteriormente de otra añada. Esto es normal, ya que la climatología es cambiante y eso hace que una cosecha un años sea excelente y al año siguiente sea mediocre, lo que condiciona y limita a enólogos y bodegas a mantener los mínimos exigidos por los consejos reguladores de las denominaciones de origen.

En cuanto a los vinos blancos de crianza, para poder frenar la oxidación ocasionada por la ausencia de taninos en aquellos vinos con una acidez y grado alcohólico capaces de frenar los ataques bacterianos, hace muchos años se optó por la crianza en barricas, ya que con la aportación de los taninos de la madera, y después de una ligera oxidación, el vino se puede embotellar para acabar de redondear su cualidades.

Otra de las características de los vinos de crianza es el cambio de su color, que pasa de los reflejos verdes a los tonos dorados, para seguir evolucionando a colores más oscuros a medida que llegan a su fin. Hay que consumirlos antes de que esto pase ya que, fuera de cuestiones nostálgicas, no tiene objeto guardar un vino muchos años.

El vino rosado

El vino rosado procede siempre de uvas tintas que, una vez estrujadas, se mantiene el mosto con el hollejo durante unas 12-16 horas poniendo especial atención a que no empiece la fermentación, para proceder después a su sangrado y continuar con los mismos procesos utilizados en el vino blanco.

Algunos catadores dicen que el color rosado despierta las papilas tanto como el olor o el sabor, por lo que su examen visual es realmente importante. La intensidad es característica de cada tipo de vino rosado y puede pasar por el rojo frambuesa o la piel de cebolla, pudiendo ser un defecto en algunas variedades lo en que otras es una cualidad.

Además del aspecto y el brillo, en el rosado hay que definir la tonalidad, formada por una gama de rosas con componentes azulados y castaños, pudiendo pasar del violeta al piel de cebolla.

En cuanto a su olor, éste debe ser aromático y de carácter frutal o floral y en ambos casos con una amplia gama, pasando desde al azahar al clavo para las series florales, a la cereza o algunas frutas exóticas como el maracuyá, para las series frutales. Raramente aparecerán las series de madera, ya que no se acostumbran a criarlos en barricas. El sabor de los rosados ha de ser refrescante, pero en muchas ocasiones los dulces resultan ciertamente apetitosos siempre que tengan una buena acidez frutal. Finalmente, es recomendable consumir el vino rosado dentro del año de su producción, pues, salvo raras excepciones, no mejora con la edad.

El vino tinto

A primera vista, por su intensidad de colorante y su tonalidad, en el vino tinto podremos deducir gran cantidad de información, desde su edad (apreciando el matiz de su color), a su concentración o su grosor. Observando su superficie, ésta ha de ser brillante y exenta e partículas, aunque podamos encontrar determinados vinos que, por su edad, puedan contener precipitados de pigmentos.

Viéndolo lateralmente, podremos juzgar su intensidad en función de su variedad, sabiendo si corresponde a una añada madura en un clima soleado, o a una cosecha abundante, pero aguada debido e un exceso de lluvias.

A trasluz podremos observar su luminosidad, siendo ésta violácea en los vinos jóvenes, para ir pasando con el tiempo a tonalidades con componentes amarillos, pudiendo llegar al pardo, lo que nos indicará su avanzada edad o su mala conservación.

Por las lágrimas que se deslizan por las paredes al agitar la copa podremos determinar si un vino es rico en alcohol, en glicerol y en azúcar residual, elementos que determinan el grosor y la suavidad del vino.

Una vez olidos los aromas más volátiles con el vino en reposo, procederemos a agitar suavemente la copa con movimientos circulares para poder percibir los aromas ocultos detrás de los primeros y así podremos apreciar su intensidad aromática, que podrá ser débil o intensa, pasando por valores intermedios como discretos, aromáticos, expresivos, con buqué o desarrollados.

También podemos hablar de vinos «cerrados» cuando los aromas se expresan muy tímidamente.

Una vez en vino en la boca, debe analizarse por sus tres componentes principales: acidez, frutosidad y taninos. Los vinos tintos jóvenes acostumbran a presentar un elevado carácter frutal marcado por la intensidad de los taninos, aunque sus características están muy marcadas por los procesos de vinificación empleados.

Al observar un vino tinto joven ha de ser limpio y brillante. La intensidad del color varía según su procedencia y la variedad de uva empleada, por lo que no es un indicador de juventud, en cambio sí lo es su tonalidad, predominando los tonos azules, violetas o púrpuras. Si observamos tonalidades pardo-amarillentas en el perímetro de la superficie, será un signo de un envejecimiento prematuro.

Al acercarnos el vino a la nariz, podremos distinguir los aromas varietales mezclados con los de fermentación, pudiendo apreciarse primero los aromas frutales y luego los florales o viceversa dependiendo del tipo de vino.

En los comercios especializados se pueden encontrar unas colecciones de aromas concentrados que nos pueden servir para educar nuestra nariz.

Un vino tinto joven ha de ser ligero en la boca y marcado por su carácter frutal, lo que no significa que debe ser un vino débil o «magro». Ha de ser equilibrado y su manifestación alcohólica discreta, cosa que no sucede siempre, pues muchos vinos cosecheros suelen salir muy «peleones».

En cuanto a los tintos de crianza, han de ser el resultado de una gran paciencia y del buen saber hacer de los enólogos y bodegueros, que con su experiencia saben cual es el tiempo necesario para que el vino llegue a su pleno estado de madurez.

Al observar un tinto de crianza podremos ver cómo los matices azules del vino joven han ido perdiendo su tonalidad para pasar a tonos anaranjados, hasta llegar al color caoba característico de los vinos maduros. Tonalidades pardas o marrones nos indicarán que el vino se ha hecho demasiado viejo.

Los aromas frutales y florales de un tinto de crianza se han conjuntado de tal forma que se hace difícil distinguir sus componentes, apareciendo unas series nuevas, como el regaliz, alquitrán, cacao o café, constituyentes de la serie empireumática y la serie animal, con notas de cuero o carne, características de la evolución del vino en la botella, sin olvidar las series balsámicas y de madera debidas a su paso por la barrica.

Finalmente, cuando un tinto de crianza nos llega a la boca, lo que en un vino joven eran taninos agresivos y con manifiesto grado alcohólico, se ha de convertir en flexibilidad y delicadeza. Esto no siempre ocurre y, vinos jóvenes que prometían mucho no evolucionan como era esperado. No obstante, hay que saber que el vino tinto no tiene una edad infinita, ya que acostumbra a seguir una curva en la que va mejorando hasta llegar a su plenitud y, a partir de ahí, irá perdiendo cualidades llegando así al fin de su vida.

Los espumosos

Los vinos espumosos, generalmente blancos, tienen la particularidad de tener gas carbónico (anhídrido carbónico o CO_2) disuelto, el cual se desprende al abrir la botella. Este «añadido» se manifiesta en el desprendimiento de finas burbujas que ascienden más o menos lentamente desde el fondo de la copa hasta la superficie, produciendo un sutil susurro si acercamos la copa a la oreja.

En cuanto a la vista, al igual que en los vinos blancos, lo primero que vemos es su color, con su intensidad cromática, brillo, reflejos y trasparencia. A todo esto hay que añadir las burbujas, donde se diferenciará su cantidad y tamaño, siendo la temperatura de servicio determinante en este caso, pues a mayor temperatura se desprende más gas ya que aumenta su presión, por tanto, cuanto más se acerque a su temperatura de servicio –entre 7 y 10 ºC–, más agradable será la sensación de cosquilleo que nos producen las burbujas, por lo que se recomienda no llenar demasiado las copas así como mantener la botella a la temperatura adecuada en un cubo con agua y hielo.

En cuanto a la burbuja, elemento diferenciador del resto de vinos, se ha de observar cómo se desprende de las paredes y el fondo de la copa. Ha de formar un rosario de pequeñas esferas que han de ascender lentamente hasta llegar a la superficie, donde se formará la espuma, que puede ser abundante, fugaz o persistente. El tamaño y la cantidad de las burbujas es uno de los indicadores de la calidad de un vino espumoso, cuanto más pequeñas sean y más lentamente asciendan, el espumoso será de más calidad, siempre y cuando se halla mantenido y consumido en buen estado de conservación, pues aquí el tiempo va en su contra, ya que un espumoso generalmente hay que consumirlo dentro del año posterior al degüelle.

Cuando olemos un espumoso lo primero que percibimos es el cosquilleo producido por el gas carbónico que se desprende en la superficie, por lo que es necesario alejar un poco la copa para que se puedan manifestar las diferentes variedades de uvas que han participado en su elaboración y de las levaduras que han intervenido en los procesos de fermentación. En los champañas se podrán apreciar los aromas propios de las maderas utilizadas en la crianza.

Los vinos espumosos se deben saborear de forma diferente al resto de vinos. Hay que evitar pasear el vino por la boca, pues el carbónico provocará una especie de anestesia sobre las papilas que evitará la detección de los diferentes sabores contenidos en el vino. Lo primero que notaremos es la presencia de gas, el cual, según la cantidad, nos indicará la calidad del espumoso, podemos diferenciar entre el vino que nos invade la boca y que a veces provoca que el gas salga por la vía nasal, lo cual es bastante incómodo, y los que son discretos, finos o groseros, con toda una gama de matices intermedios.

Posteriormente procederemos a valorarlo como un vino blanco, cuya acidez ha de ser refrescante y su cuerpo vendrá definido por las uvas utilizadas en su elaboración, además, se ha de tener en cuenta el licor de expedición (jarabe de azúcar) que el vinificador ha añadido después del degüelle, que determinará si un espumoso es dulce, semiseco, seco o brut, o la ausencia total de éste, con lo cual se obtendrá un brut nature o extra brut.

Tipos de espumosos

En muchas ocasiones aostumbramos a utilizar el término «champán», «champaña» o «champagne» para referirnos a un vino espumoso, pero hay que recordar que la palabra champagne corresponde a una denominación de origen (D.O.) francesa que pertenece a la región vinícola de Champagne que está situada al noroeste de Francia, a lo largo del valle del río Marne, por lo que los productores de vinos espumosos, incluidos los productores franceses, que tienen algunos espumosos como el Blanquet de Limoux o el Saumur han optado por utilizar otros nombres y respetar el de Champagne exclusivamente para el vino espumoso que se produce en esa región, con la excepción de algunos países, como Chile y Estados Unidos. A continuación describimos algunos espumosos obtenidos por fermentación natural.

Champagne

El champagne, champán o champaña, como ya se ha dicho anteriormente, es un vino espumoso originario de la región de Champagne (Francia) y es muy apreciado en el resto del mundo, de tal forma que muchos países se han esforzado en conseguir vinos similares para comercializarlos y hacer frente a la competencia francesa.

Se dice que fue Pierre Perignon, un monje benedictino el inventor de este vino. Perignon observó que el vino, tras el invierno, tendía a soltar burbujas y quiso embotellarlo con ellas, por lo que pensó que la segunda fermentación debía llevarse a cabo dentro de la botella. También se le ocurrió mezclar uvas de distintas zonas, mejorando el resultado. Además estableció unas reglas para su elaboración, como son las de no usar más que uvas de Pinot Noir, podar los viñedos para que no superasen los 90 cm de altura y recoger sólo las uvas que estuviesen enteras y cuando hacía frío, no permitir ningún tipo de maceración que cambiase el sabor del mosto y dar varias prensadas rápidas y suaves separando el mosto de cada prensada.

Así es como Perignon mejoró ostensiblemente el ya existente *Métode Champenoise,* aunque en muchas ocasiones se la atribuye a él su descubrimiento.

En la actualidad las bodegas de esta región francesa guardan sus vinos blancos, para posteriormente envasarlos en las botellas adecuadas añadiendo azúcar y levaduras para que se produzca una segunda fermentación en la botella y genere el gas carbónico. Es por esta razón que el champán francés de calida en muchas ocasiones tiene añada, ya que procede de las cosechas guardadas en barricas de robe durante muchos años y así poder ofrecer al público sus famosos caldos.

Cava

El cava tiene sus orígenes en la Cataluña del siglo XIX en la comarca del Penedés. Sus primeros productores, viendo el éxito que tenía el champagne entre la burguesía europea, decidieron aplicar a sus caldos las misma técnica de segunda fermentación dentro de la botella conocida como método champenoise, pero debido a continuas quejas de los productores de champán francés, desde el 1 de septiembre de 1994 los productores de cava han ido abandonando el término «método champenoise» por el de «método tradicional». En la actualidad son varias las provincias españolas que se han acogido a las normas del consejo regulador del cava, que precisa que las uvas utilizadas para estos vinos sean generalmente blancas de las variedades Macabeo, Perellada y Xarel·lo; aunque también se producen unos cavas rosados para los que se usan las variedades Garnacha, Monastrell, Trepat y Pinot Noir.

Lambrusco

Los vinos Lambrusco constituyen una familia de cepas que desde hace siglos está integrada al paisaje de Módena (Italia). De éstas se obtiene un vino tinto generoso inconfundible por una propiedad natural: la segunda fermentación en primavera. Desde la época romana se habla de *Vitis lambrusca* (un cepa silvestre), pero fue en el siglo XIX cuando algunas líneas genéticas impusieron, gracias a las características naturales y a la evolución del trabajo del hombre, una fisonomía específica. Podemos encontrar tres tipos de vinos, rosados o tintos, similares y son el Lambrusco de Sorbara, el Lambrusco Grasparossa de Castelvetro y el Lambrusco Salamino de Santa Croce. Son vinos modernos con resaltantes características organolépticas: una espuma vivaz y evanescente; un perfume intenso y persistente; un gusto agradable exaltado por una buena acidez, compensada en las versiones semisecas, y amables, por una cuantitativa más o menos acentuada presencia de azúcares; fáciles de beber y generosos en las combinaciones con alimentos.

Otros espumosos

En el continente americano podemos encontrar diferentes espumosos procedentes principalmente de Argentina, Chile, Estados Unidos de Norteamérica y México, normalmente producidos por bodegueros locales con larga experiencia en la producción de vino, o bien, por algunas bodegas europeas que se han establecido en esos países. La calidad de estos productos todavía no es equiparable a la de las principales marcas europeas, pero con los años y la experiencia es muy posible que lleguen a obtener espumosos equiparables a los europeos, cosa que ya han conseguido con algunos vinos.

También se pueden encontrar vinos espumosos en Nueva Zelanda y Australia, que, al igual que América, van por el buen camino.

Las cepas

Hablar de vino sin mencionar las cepas es algo incomprensible, pues continuamente en la información sobre la composición de un vino leeremos palabras como merlot, tempranillo, chardonnay, parellada u oiremos hablar de vinos con los nombres de un Riesling, un Cabernet Sauvignon o un Moscatel refiriéndose al nombre propio de un vino monovarietal y olvidándose de la marca comercial, por tanto, es necesario dar un repaso a las variedades de cepas, o de uvas, pues son las que trasmiten sus características especiales a cada uno de los vinos que las contienen.

Uvas blancas

Airén. Es la más abundante de España. Los racimos son grandes y apretados. Produce vinos de aroma característico. Es considerada variedad principal en la D.O. Vinos de Madrid.

Albariño. La uva es pequeña, muy dulce y glicérica y da lugar a vinos de gran calidad. Es autóctona de Galicia y es la uva básica de la D.O. Rías Baixas.

Alcañón. Autóctona de la zona del Somontano. Da lugar a vinos blancos ligeros y con aroma muy personal.

Chardonnay. Procede de la región francesa de Borgoña. Uva de gran calidad, muy fina, da lugar a vinos aromáticos que ofrecen buenos resultados con una no muy prolongada crianza.

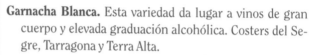

Garnacha Blanca. Esta variedad da lugar a vinos de gran cuerpo y elevada graduación alcohólica. Costers del Segre, Tarragona y Terra Alta.

Gewürztraminer. Es una uva procedente de la región de Alsacia con un olor afrutado muy característico, de la que se obtienen unos vinos blancos muy perfumados.

Godello. De gran calidad y poder aromático. Es una uva utóctona de Galicia. Está considerada la variedad principal en las DD.OO. Valdeorras y Bierzo.

Hondarribi Zuri (blanca). Esta uva, junto con la variedad tinta, son la base del tradicional chacolí vasco. La uva blanca es más frecuente en la D.O. Chacolí de Guetaria (Guipúzcoa).

Listán. Sinónimo de Palomino fino en Jerez y Canarias.

Macabeo. También llamada Viura. Es la base de los cavas. Es la variedad principal en las denominaciones de origen Calatayud, Conca de Barberà, Costers del Segre, Navarra, Penedés, Rioja, Somontano, Tarragona y Terra Alta.

Malvasía. Esta uva procede de Grecia. Da lugar a vinos muy aromáticos y personales. Considerada variedad principal en la D.O. Calatayud. Existe asimismo la variedad *Malvasía riojana,* utilizada abundantemente en los vinos blancos de Rioja. En Cataluña es conocida como *Subirat parent*.

Moscatel. De gran poder aromático y elevado contenido en azúcar. Produce vinos muy característicos y también se destina en buena proporción a su consumo directo, como uva de mesa. Su cultivo está muy extendido por toda España. Considerada variedad principal en las denominaciones de origen de Málaga y Valencia.

Palomino. Uva básica en los vinos de Jerez. Denominada Jerez fuera de esa comarca gaditana. Considerada variedad principal en las denominaciones de origen Jerez y Condado de Huelva.

Pansa blanca. Ver *Xarel·lo.*

Parellada. Una de las uvas básicas en la elaboración de los cavas. Abundante en Tarragona, Barcelona y Lleida. Considerada variedad principal en las denominaciones de origen Conca de Barberà, Costers del Segre, Penedés y Tarragona y en la denominación Cava.

Pedro Ximénez. De alto contenido en azúcares. En mayor o menor proporción, está presente en prácticamente toda España. Considerada variedad principal en las denominaciones de origen Jerez, Málaga, Montilla-Moriles y Valencia.

Pinot Blanc. Produce vinos blancos muy parecidos al Chardonnay, pero más ligeros.

Pinot Grigio o Gris. Es una muy extendida en Italia y Francia, produciendo unos vinos muy secos en Italia, mientras que en Francia, en la región de Alsacia, cuando la vendimia es tardía, produce vinos secos o semidulces.

Riesling. Originaria del Rhin. De gran calidad, con aroma característico. En España está presente principalmente en Cataluña, encontrándose también en países como Australia y Nueva Zelanda.

Sauvignon. De origen francés. Se comporta muy bien en vinos sometidos a crianza y en los cavas. En España se cultiva, en Castilla y León y Cataluña.

Subirat parent. Considerada variedad principal en la D.O. Penedés. Se cultiva también en Rioja, donde recibe el nombre de Malvasía Riojana.

Sémillon. Esta variedad de uva blanca es la componente principal del burdeos blanco, que da lugar al famoso sauternes.

Torrontés. Originaria de Galicia, produce vinos de poco cuerpo y notable acidez, con gran personalidad e intenso aroma.

Treixadura. Uva autóctona de Galicia. Es una de las variedades de uvas gallegas más aromáticas y su cultivo está siendo impulsado en diversas zonas. Es la variedad principal en la D.O. Ribeiro.

Verdejo. Uva de gran calidad, es una de las mejores variedades blancas de España. Da lugar a vinos muy aromáticos, con cuerpo, glicéricos y suaves. Abundante en Valladolid, Segovia y Ávila. Considerada variedad principal en la D.O. Rueda.

Viognier. Una variedad autóctona del norte de las Côtes du Rhône, pero que todavía posee escasos adeptos entre los viticultores españoles. También se cultiva el Argentina, Australia y Nueva Zelanda.

Viura. Ver *Macabeo*.

Xarel·lo, Xarello o Pansa blanca. Junto a las variedades Macabeo y Parellada forma la trilogía de los cavas. Da lugar a vinos muy aromáticos. Es considerada variedad principal en las denominaciones de origen Alella (donde se denomina Pansa blanca), Costers del Segre, Penedés y Tarragona, así como en la denominación Cava.

Uvas tintas

Brancellao. Uva de gran calidad, pero es muy escasa e, incluso, corre peligro de desaparecer. Es autóctona de Galicia y está contemplada como variedad autorizada en la D.O. Rías Baixas.

Cabernet Franc. Al igual que la Cabernet Sauvignon, procede de la región de Burdeos, aunque produce unos vinos más suaves y que se desarrollan con mayor rapidez.

Cabernet Sauvignon. Originaria del Medoc francés, está presente en todos los continentes. Es la variedad de moda y se utiliza mucho en Cataluña, Navarra y Ribera del Duero.

Cariñena. Productora de vinos robustos, pero equilibrados. Se complementa muy bien con la Garnacha. Abundante en Cataluña y La Rioja, donde recibe el nombre de Mazuela. Considerada variedad principal en las denominaciones de origen Calatayud, Costers del Segre, Penedés, Tarragona y Terra Alta.

Carménère. Cepa originaria de Burdeos que actualmente tiene una gran expansión en Chile.

Cencibel. Denominación que recibe la uva Tempranillo en algunas zonas del centro y el sur de España.

Garnacha tinta. Es una uva de gran rendimiento que produce vinos muy vigorosos. Es la uva tinta más cultivada en España, especialmente en La Rioja, Madrid, Navarra, Tarragona, Teruel, Toledo y Zaragoza.

Garnacha Tintorera. También llamada Alicante. Es la única variedad, junto con la Alicante Bouché, que tiene la pulpa coloreada. Considerada variedad principal en la D.O. Almansa.

Graciano. De escaso rendimiento, pero que da lugar a vinos muy apreciados. Los vinos jóvenes de Graciano son muy tánicos, broncos y ásperos, pero experimentan una magnífica evolución durante la crianza en madera y botella. Por ello intervienen en los grandes reservas riojanos y navarros.

Hondarribi Beltza (tinta). Junto con la blanca, son la base del tradicional chacolí vasco. La uva tinta que abunda en la D.O. Chacolí de Vizcaya.

Listán Negro. Variedad con cierta presencia en el norte de Tenerife y en otras islas del archipiélago. Se producen con ella interesantes tintos jóvenes.

Malbec. De origen francés, se encuentra introducida desde hace años en la Ribera del Duero y existen pequeñas proporciones en otras zonas, también se cultiva mucho en Argentina.

Manto Negro. Autóctona de Baleares. Es mayoritaria en la D.O. Binissalem. Da lugar a vinos ligeros y muy equilibrados, con logrados resultados tras una breve crianza en madera y botella.

Mazuela. Ver *Cariñena*.

Mencía. Muy similar a la Cabernet Franc. Da lugar a vinos de gran calidad. Abundante en León, Zamora, Lugo y Orense. Considerada variedad principal en la D.O. Valdeorras y en la D.O. Bierzo.

Merlot. Origen de vinos muy aromáticos y finos. Procede de la región de Burdeos. Tras la Cabernet-Sauvignon, es la variedad de uva más frecuente en todo el mundo. En España se cultiva en la Ribera del Duero, Cataluña y Navarra.

Monastrell. Muy dulce y productiva. Da lugar a vinos de color intenso y notable graduación. Considerada variedad principal en las denominaciones de origen Alicante, Almansa, Costers del Segre, Jumilla, Penedés, Valencia y Yecla.

Moristel. Abundante en Huesca y Zaragoza. Considerada variedad principal en la D.O. Somontano.

Negramoll. Característica de algunas comarcas canarias, en especial de la D.O. Tacoronte-Acentejo. Da lugar a vinos ligeros, suaves y aromáticos de gran calidad cuando son jóvenes.

Nebbiolo. Originaria del Piamonte italiano, da lugar a los vinos Barolo y Barbaresco, ricos en taninos. Su cultivo se ha extendido a California, México, Chile y Australia, pero hasta la fecha sus resultados no han podido igualar a los del Piamonte.

Petit Verdot. De origen bordelés, y especialmente más utilizada en el Medoc. Empieza a dar los primeros vinos en España.

Pinot Noir. A pesar de ser una uva tinta, constituye la base de la elaboración del champagne blanco y también se utiliza en algunos cavas rosados. Originaria de Francia, se encuentra muy extendida en Europa, América y Oceanía. En los últimos tiempos están apareciendo en España ejemplos de sus vinos. Es una variedad de brotación y maduración temprana, propia de climas septentrionales.

Prieto Picudo. Da lugar a vinos muy aromáticos y personales, algo ligeros en cuanto a color, pero muy agradables. Abundante en Zamora y León.

Syrah. Variedad de posible origen persa, con importante implantación en el centro y sur de Francia. Los prestigiosos vinos de Hermitage suelen estar elaborados al cien por cien con esta uva. Su presencia en España es muy minoritaria, en cambio, los syrah australianos son muy famosos.

Tempranillo. De gran finura y muy aromática. Estrella de las variedades de uva españolas. Llamada Ull de Llebre en Cataluña, Cencibel en Castilla-La Mancha y Madrid, Tinto Fino y Tinto del País en Castilla y León. Abundante en Burgos, La Rioja, Álava, Cuenca y Ciudad Real. Variedad principal en las D.O. Calatayud, Cigales, Conca de Barberà, Costers del Segre, La Mancha, Penedés, Ribera del Duero, Rioja, Somontano, Utiel-Requena, Valdepeñas y Vinos de Madrid.

Tinta de Toro. Da lugar a vinos aromáticos y de acusada calidad, aunque no es muy productiva. Algunos mantienen que se trata de la Tempranillo aclimatada a la zona zamorana que le da nombre. Considerada variedad principal de la D.O. Toro.

Ull de llebre. Ver *Tempranillo*.

Zinfandel o Primitivo. Esta variedad siempre se ha considerada como originaria de California, aunque recientes pruebas de ADN han descubierto que se trata de la variedad Primitivo del sur de Italia, ambas prodecentes, al parecer, de la cepa Crljenak de Croacia.

Glosario

A

abierto: se refiere a la característica del color de los vinos, y se utiliza cuando el color acostumbra a ser de poca intensidad o muy claro.

abocado: vino que, sin llegar a ser dulce, tiene ciertas sensaciones azucaradas. Sinónimo: embocado.

aceitoso: vino al que han llegado aceites esenciales después del prensado de la uva.

acético: el ácido acético es un componente de todos los vinos. Normalmente la cantidad es insignificante y lo único que ocasiona es que intensifica el sabor del vino.

acidez: valor sumatorio de los ácidos orgánicos que aparecen en el mosto o en el vino.

afrutado: cualidad atractiva y refrescante, en la que se reconocen la correcta madurez, aroma y sabor de la uva originaria, implica generalmente un ligero grado de dulzura.

agresivo: se utiliza para describir un vino con carácter gustativo demasiado fuerte.

aguja: sensación de leves pinchazos en el paladar producida por algunos vinos que contienen burbujas de carbónico.

alegre: es un vino simple y ligero, fresco, que entra bien al paso de boca.

a lías: sabor molesto que presenta un vino debido a una mala elaboración.

amable: vino blanco con residuos de azúcares que lo hacen agradable.

amargo: uno de los cuatro sabores naturales. Se detecta en las papilas de la parte posterior de la lengua.

amargoso: cierto sabor amargo disperso que se aprecia en los vinos amontillados y en los finos.

amistelado: vino con sabor u olor a mistela.

amoratado: vino tinto de color morado o violáceo intenso.

amplio: término que hace referencia a la diversidad de sabores que proveen algunos vinos que acarician todas las papilas gustativas cuando se toman.

añada: partida de vino de la misma vejez. Año de producción de un vino. Indica el año de la cosecha con que está elaborado el vino.

apagado: se refiere a un vino que no tiene ninguna particularidad. Vino falto de brío.

ardiente: vino que provoca una sensación pseudotérmica en la boca, causada por el efecto deshidratante del excesivo alcohol que contiene.

arista: sensación desentonante en el aroma o en el paso de boca de un vino, de baja intensidad, pero suficiente para perturbar su equilibrio.

armónico: vino con una gran conjunción y perfecto equilibrio en todos sus caracteres. Máxima expresión de calidad de un vino.

aromático: vino con buenos perfumes, fundamentalmente de la cepa.

áspero: sabor duro y astringente procedente de la existencia de taninos en el vino.

astringente: vino con marcada astringencia debida a los taninos. Se identifica por una sensación de roce entre la lengua y el paladar.

aterciopelado: característica que se da en vinos viejos en los que la crianza en barrica ha disminuido su contenido de taninos y les ha proporcionado un gusto suave y placentero.

avinagrado: vino que ha sufrido alteraciones por los ácidos y ha iniciado el camino de convertirse en vinagre.

B

balsámico: es un aroma noble del vino que recuerda al eucalipto o al incienso. Se suele apreciar en vinos de crianza de zonas en la que hace mucho calor.

barrica: recipiente de madera de roble que se emplea para la crianza del vino. A barrica: olor particular conferido al vino por el recipiente de madera en el que ha tenido lugar su crianza.

basto: vino tosco, vulgar, de baja calidad.

botritis: hongo microscópico (su nombre científico completo es *Botritis cinerea*) responsable de la podredumbre blanca de la uva; ejerce una acción muy compleja y perjudicial en la mayor parte de los casos en que se presenta.

bouquet o buqué: palabra de origen francés o galicismo que sintetiza el conjunto de sensaciones olfativas del vino de crianza maduro.

brillante: se refiere al carácter joven y limpio de un vino en concreto. Un vino brillante es un vino con aspecto perfectamente limpio.

C

cabezón: se llama así a los vinos con alta graduación alcohólica.

cálido: se utiliza para denominar aquellos vinos que están servidos a una temperatura mayor de la adecuada (con sensaciones calientes) y asimismo, los que contienen alcohol destacado, es decir, no del todo integrado en su conjunto.

capa: grado de intensidad del color de un vino.

carbónico: gas generado en grandes cantidades durante la fermentación alcohólica.

clarete: Vino tinto de poco color. En algunas zonas de Castilla y León se denominan así los rosados locales.

clarificación: práctica enológica destinada a la eliminación de determinadas sustancias existentes en el vino en solución verdadera o, la mayor parte de las veces, en suspensión coloidal.

complejo: es el vino que posee una gama de sabores amplia y muy diversa. Adjetivo que califica al vino rico y variado en sensaciones tanto de paso en boca, como aromas, en vía retronasal.

con carácter: rasgo diferencial de un vino que le distingue por algún detalle relacionado con su proceso de elaboración.

contraetiqueta: es la etiqueta que se coloca en la parte posterior de la botella, normalmente para explicar las propiedades del vino.

corto: se dice del vino cuyo sabor dura poco en el paladar.

cosecha: se refiere tanto al año de producción de un vino como a la vendimia de la uva de ese año.

coupage: término francés que define la práctica de mezclar vinos de la misma o de diferente partida o cosecha con el fin de unificar sus cualidades o de compensar con las cualidades de unos los defectos de otros.

crianza: proceso controlado de envejecimiento y maduración de un vino mediante el cual desarrolla caracteres especiales. Se suele aplicar de forma genérica a todos los vinos sometidos a envejecimiento.

cru: palabra francesa utilizada para determinar una «producción». Una producción superior es clasificada de muchas maneras, incluyendo *grand cru* y *premier cru*.

cuba: vasija o depósito en forma de tronco de cono.

cuerpo: sensación de consistencia del vino en la boca. Extracto seco del vino. Es una cualidad apreciada en los grandes vinos.

D

débil: nombre que se da también a un vino corto, es decir un vino sin rasgos diferenciadores, sin personalidad, sin cuerpo, ni mucho gusto.

decantación: operación de trasiego de un vino viejo de la botella a otro recipiente con el fin de eliminar depósitos sólidos alojados en el fondo.

degradado: vino cuyas cualidades van evolucionando a peor debido a la degeneración de sus componentes.

degüello o degüelle: operación que se realiza a los vinos espumosos naturales elaborados mediante el método tradicional o «champenoise» (segunda fermentación en botella).

delgado: vino con falta de extracto (cuerpo). De poca estructura.

densidad: magnitud física que relaciona la masa de un cuerpo con el volumen que ocupa. Sinónimo: peso específico .

denso: vino espeso, de mucho cuerpo y estructura.

desagradable: sensación de los vinos defectuosos.

descarnado: vino escaso en alcohol y con poco sabor. Vino muy delgado.

descompuesto: vino mal conservado, enturbiado, con pérdida de materia colorante y mal gusto. Degradado.

desequilibrado: vino sin conjunción entre sus componentes, por exceso o defecto de uno de ellos.

deslabazado: vino con graves desequilibrios.

despojado: vino clarificado de forma natural por sedimentación de las partículas sólidas que llevaba en suspensión.

desvaído: vino que ofrece muy baja intensidad en sus sensaciones por excesiva exposición a la influencia del aire. El término se aplica al color, al aroma y al sabor.

disco: se aplica a la superficie del vino en la copa.

D.O.: abreviación de la expresión «Denominación de Origen».

D.O.C.: denominación de los vinos italianos de «Denominazione di Origine Controllata».

D.O.C.G.: son los vinos italianos de calidad superior con apelativo «Denominazione di Origine Controllata e Garantita».

D.T.W.: denominación de vinos alemanes de mesa o corrientes «Deutscher Tafelwein».

dulzón: vino de sabor débilmente azucarado. Se aplica a los vinos en los que el contenido en azúcar, aunque no sea muy alto, destaca de manera desagradable.

duro: se trata de un vino con exceso de acidez, que se torna rígido, con poca elegancia y sin flexibilidad.

E

efervescente: con gas carbónico.

elegante: vino equilibrado y con delicadas y sugerentes sensaciones en nariz y boca.

encabezado: adición de alcohol vínico al vino o mosto con el fin de aumentar la graduación. Práctica habitual en la zona de Jerez.

equilibrado: vino cuyos caracteres gustativos y olfativos se presentan bien conjuntados y sin defectos. Expresión de calidad de un vino.

especiado: calificativo que se aplica al aroma (directo o por vía retronasal) de un vino, generalmente de larga crianza en madera y botella.

espeso: vino recio, con mucho cuerpo y densidad.

espirituoso: vino de elevada graduación alcohólica. Licor.

estrujado: procedimiento por el que se rompe la piel de los granos de uva por aplastamiento y se consigue extraer el líquido contenido en ellos.

etéreo: corresponde a un vino con aromas sutiles.

etiqueta: identificación que va adherida a la botella, en la que se especifican todos los datos referidos al vino que contiene. Ver *contraetiqueta*.

evolucionado: vino que ha sufrido modificaciones positivas o negativas, con el paso del tiempo.

extraño: carácter negativo de un vino no identificado con exactitud en la cata.

F

fermentación alcohólica: o fermentación alcohólico-pirúvica. La que realizan varias especies de levaduras que transforman los azúcares del mosto de la uva en alcohol, anhídrido carbónico, glicerina y otro elevado número de sustancias.

fermentación en barrica: fermentación del vino que tiene lugar en los recipientes denominados barricas, fabricadas preferentemente en madera de roble.

fermentación maloláctica: transformación del ácido málico en láctico por acción de ciertas bacterias.

filoxera: plaga que ataca a las vides de la variedad *Vitis vinifera,* que exterminó gran parte de la viticultura europea en el siglo XIX.

final de boca: sensaciones últimas que se aprecian al degustar un vino.

flor, mosto de: mosto de la primera prensa de la uva.

floral: calificativo aplicado a los aromas primarios de algunos vinos que recuerdan al perfume de algunas flores (rosa, violeta, etc.).

fragancia: aroma intenso y persistente.

fragante: con aromas acentuados.

franco: vino sin alteraciones ni defectos, sin falsos o inadecuados olores o sabores.

fresco: vino con adecuada acidez para su tipo, por lo que produce sensación de frescura en la boca.

frutal: vino delicado que recuerda a diferentes aromas de plantas, al aroma propio de la uva con que ha sido elaborado o al de algunas otras frutas.

frutos rojos: es el aroma a frutas como las cerezas y las ciruelas o frutas del bosque como las moras y las grosellas.

fructuoso: vino en el que se nota el sabor y aroma de la fruta madre madura; será, por lo general, un vino joven.

fuerte: vino con caracteres de alcohol y cuerpo muy marcados.

G

gama: conjunto de matices o gradación de algún carácter del vino. Se aplica tanto al color como a los aromas.

gasificado: vino con alto contenido en gas carbónico exógeno, es decir, no originado por el propio vino, sino añadido artificialmente.

generoso: vino genuinamente español que se obtiene en las denominaciones de origen Condado de Huelva, Montilla-Moriles, Jerez y Manzanilla a partir de variedades selectas.

goloso: corresponde a un vino con azúcares residuales ligeramente elevados.

granvas: vino espumoso natural cuya segunda fermentación ha tenido lugar en grandes envases metálicos.

graso: corresponde a un vino de tacto untuoso.

grueso: corresponde a un vino ordinario, con mucho color y robusto.

H

hecho: vino que no mejorará más y que conviene beber pronto, antes de que empiece a perder su valor.

herbáceo: sensación olfativa y sápida desagradable que recuerda a las partes verdes de la vid (raspón, hojas).

hollejo: piel que envuelve la pulpa o parte carnosa de la uva. Sinónimos: orujos, casca.

I

impureza: sustancia ajena al vino que se encuentra disuelta en él.

incisivo: vino que presenta un exceso de acidez.

incorrecto: corresponde a un vino con pequeños defectos o anormalidades.

insípido: falto de sabores.

intenso: vino de aroma consistente y rápidamente perceptible.

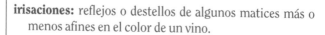

irisaciones: reflejos o destellos de algunos matices más o menos afines en el color de un vino.

J

joven: corresponde a un vino no envejecido que conserva sus cualidades afrutadas.

justo: vino que apenas alcanza el nivel mínimo de calidad exigido.

L

lácteos: aromas terciarios presentes en vinos de crianza de alta calidad, reminiscentes de los aromas delicados de productos lácteos.

lágrimas: huellas en forma de gotas que caen lentamente, aparentes en la pared de la copa después de humedecida ésta con vinos ricos en alcohol y glicerina.

lías: sustancias sólidas (sobre todo restos de levaduras) acumuladas en el fondo de los depósitos tras la fermentación del vino.

ligero: vino débil pequeño, que puede ser agradable, pero que tiene poco alcohol y poco extracto.

límpido: superlativo de limpio, transparente.

limpio: vino de aspecto transparente, sin materias sólidas en suspensión, bien presentado.

lleno: vino muy amplio de sabores y con adecuada estructura. Vino que colma la boca.

M

maceración en frío: técnica utilizada para enriquecer en aromas primarios los vinos blancos.

maderizado: sinónimo de pasado en gusto a roble. El término proviene de los aromas típicos de los vinos de Madeira que tienen un elevado grado de oxidación.

maduro: se refiere a un vino que ha desarrollado convenientemente su evolución en la botella.

magro: corresponde a un vino bien dotado de color y aroma, pero sin cuerpo.

manchado: vino blanco de color ligeramente rosado por haber estado en depósitos que antes contuvieron vino tinto.

mantequilla: aroma noble que puede detectarse en vinos de calidad, sobre todo si han realizado la fermentación maloláctica.

meloso: vino suave y agradable.

mentol: aroma noble de algunos vinos tintos de crianza.

metálica: en la cata, sensación táctil desagradable de algunos vinos a su paso por la boca.

mistela: mezcla de mosto de uva con alcohol vínico. Algunas son consideradas como vinos de licor.

monte bajo: aroma que recuerda al tomillo, al romero y otras hierbas del monte.

mórbido: en la cata, se aplica al vino suave, delicado y gustoso en boca.

mordiente: se aplica al vino acerbo, al mismo tiempo vivo y astringente.

muerto: vino que por el tiempo, ha perdido todas sus cualidades.

N

nariz: conjunto de cualidades olfativas de un vino.

nervio: término que se aplica a un vino rico en componentes ácidos, materias minerales y taninos.

nervioso: vino punzante, ácido. Cuando un vino es rico en equilibrio y acidez, generalmente es un vino vivo.

neutro: corresponde a un vino de baja acidez.

noble: vino elaborado a partir de variedades de uva preferentes y envejecido con esmero. Vino de calidad sometido a crianza durante al menos dos años.

notas de evolución: son rasgos a destacar sobre un envejecimiento prematuro del vino por oxidación o por efecto del calor.

notas de madera: rasgo que se denota en vinos envejecidos en barricas nuevas, y de las que toma un leve sabor a madera.

notas minerales: aromas con cierto recuerdo a minerales como la pizarra o la arena, entre otros.

O

oleoso: vino de aspecto viscoso similar a la textura del aceite.

opaco: vino que por su elevada intensidad colorante o debido a enturbiamientos no deja pasar la luz.

opalescente: corresponde a un vino levemente turbio.

oro: matiz del color amarillo que evoca los brillos del metal más noble en algunos vinos blancos.

P

paja: matiz de la gama del amarillo en el color de los vinos blancos.

pajizo: matiz de la gama del amarillo en el color de los vinos blancos del año, menos intenso que el anterior.

pálido: calificativo que se aplica a los vinos blancos de baja intensidad cromática. Vino generoso producido en Rueda (Pálido Rueda), similar al fino.

pasado: vino que durante su almacenaje o durante su crianza ha superado el nivel idóneo de conservación, encontrándose en una fase de pérdida de atributos que desembocará en la decrepitud.

pastoso: se suele aplicar a algunos vinos blancos y cavas demasiado densos en la boca, generalmente desequilibrados debido a un alto contenido de azúcar.

perfumado: o también floral, corresponde a un vino fragante, oloroso. Virtud del vino rico en aromas, fragante, oloroso, a menudo floral.

pequeño: calificativo aplicado a un vino que sin tener defectos ni desequilibrios graves, presenta una escasa potencia en las sensaciones aromáticas y gustativas.

perfumado: vino con intensos aromas.

persistencia: duración y calidad de las sensaciones que siguen apreciándose en la boca después de la ingestión del vino.

persistente: vino con aromas que duran unos segundos después de degustados.

pétillant o petillante: vino ligeramente efervescente en el que se percibe un ligero picorcillo causado por la presencia de pequeñas burbujas de carbónico.

picado: vino avinagrado, es decir, con alta acidez volátil.

picante: cosquilleo en la lengua y el paladar producido por el vino espumoso y los vinos de aguja.

plano: vino poco ácido, desequilibrado por este concepto, y carente de contraste entre sus matices al paso por boca.

plátano: aroma secundario demasiado frecuente en muchos vinos jóvenes.

punzante: aroma intenso y volátil propio de los vinos con crianza en flor. Sinónimo: con punta.

Q

quebrado: vino enfermo por alguna de las llamadas quiebras que producen graves enturbiamientos.

quinado: vino licoroso aromatizado con quina.

R

rancio: vino añejo obtenido mediante un proceso de crianza oxidativa que a veces se acelera exponiendo el vino al sol en grandes garrafas de vidrio.

recio: vino bien constituido, pero con mucho cuerpo

redondo: vino cuyos componentes están en armonía sin destacar ninguno de ellos.

regaliz: aroma especiado que aparece asociado habitualmente a algunos tintos de crianza que suelen mostrarse complejos.

ribete o menisco: se nombra así al borde del vino en la copa, donde la tonalidad se aclara.

robusto: cualidad del vino de color y grado. Refleja un vino de buen cuerpo, estructurado, y con un grado alcohólico natural elevado.

rojo: color básico de los vinos tintos.

rosa: color característico del vino rosado. También corresponde al aroma primario floral de algunos vinos blancos o rosados.

rubí: matiz del color rojo de los vinos tintos idéntico al de la piedra preciosa, muy habitual entre los vinos de crianza.

S

sabroso: gusto definido por gran variedad de rasgos que mantienen un sabor suave y agradable.

sangrado: procedimiento por el cual se separa el hollejo del mosto, escurriéndolo, de modo que el líquido cae y los residuos sólidos se retienen.

sedimentos: corresponden a los depósitos formados en el vino.

sedoso: vino caracterizado por un paso por la boca excepcionalmente suave. Es un vino de textura suave, aterciopelado, vino armonioso.

sofisticado: vino con aromas foráneos.

solera: en la crianza de los vinos generosos, última fase del sistema o escala, de donde se extrae el vino para su comercialización.

sucio: vino con olores extraños a los propios de la uva, la fermentación o la crianza.

sutil: sensación delicada y de calidad, aunque poco pronunciada.

T

tabaco: evocación apreciable en los aromas de algunos grandes vinos de crianza.

tánico: sabor derivado de un alto contenido en taninos y que proporciona un gusto un tanto áspero.

tastevin: nombre francés de un recipiente cóncavo de pequeño tamaño (20 a 50 cc) elaborado en plata, alpaca u otros metales brillantes.

taza: pequeño recipiente de cerámica blanca utilizado en Galicia para degustar vinos locales.

tenue: también desvaído. Presencia casi fantasmal de alguna característica en un vino.

terroso: cuyo sabor recuerda al de la tierra.

típico: vino que presenta las características habituales de su zona de producción.

toffee: aroma a caramelo tostado o dulces de café de algunos vinos tintos viejos.

tranquilo: vino sin presencia aparente de carbónico.

trufa: aroma típico de la crianza en vinos tintos, sobre todo, en los bordeleses.

turbio: vino sin transparencia como consecuencia de las materias coloidales en suspensión.

U

untuoso: vino de carácter oleoso que se adhiere a la copa y en la boca se muestra suave. El término se aplica también a los vinos a la vez amplios y muy suaves.

V

vacío: vino que no produce sensaciones, pobre en cuerpo, aroma y sabores.

vainilla: aroma de algunos vinos de crianza que recuerda al de esta planta.

varietal: vino con características aromáticas de la cepa. Corresponde a un vino elaborado con una sola variedad de uva.

vegetal: vino con aromas y gustos de plantas.

velado: vino ligeramente alterado en su transparencia, con poca nitidez.

verde: corresponde a un vino con exceso de acidez debido a la falta de madurez de las uvas y a no haber sufrido la fermentación maloláctica.

verdor: sensación olfativa y gustativa desagradable que recuerda partes herbáceas de la vid, propia de vinos procedentes de uvas con maduración incompleta.

vigoroso: vino con potencia de sensaciones en la boca, sabroso y con cuerpo, acidez, taninos y alcohol notables y bien conjuntados.

vino común: se conoce así al vino que no se encuentra amparado por ninguna denominación de origen.

vino de aguja: se caracteriza por ser vino cuya fermentación maloláctica se ha producido una vez embotellado.

vino de mesa: es el vino apropiado para acompañar las comidas.

vino dulce: vinos que han tenido una fermentación incompleta y conservan azúcar, conteniendo mas de 50 gramos por litro.

vino espumoso: corresponden a los vinos caracterizados por haber experimentado la fermentación alcohólica en recipientes pequeños o en la misma botella.

vino generoso: corresponde a un vino con una alta graduación alcohólica.

vino noble: es un vino equilibrado elaborado con variedad de uva seleccionada.

vino tranquilo: se denominan de este modo a los vinos que no son del tipo espumoso.

vino varietal: corresponden a los vinos obtenidos de una sola variedad de uva.

vinoso: vino de alta graduación, pesado en la nariz y denso en la boca.

viscoso: vino de escasa fluidez, generalmente por su alto contenido en azúcares, aunque también puede ser consecuencia de una enfermedad bacteriana. Ver *ahilado*.

vivaz: vino con la acidez adecuada, que es vigoroso, fresco y refrescante.

vivo: vino de aspecto brillante, que parece emitir luz propia. Vino bien armado, con carácter juvenil en boca.

volátil: término que corresponde al vino delicadamente avinagrado debido a un alto nivel de ácido acético, suele mencionarse como «acidez volátil».

volumen: adjetivo con que se caracteriza un vino sabroso, con personalidad. Lo contrario de un vino estrecho

Y

yema: primera fracción del mosto, obtenido mediante escurrido, sin que la pasta sufra presión alguna. Brote sin desarrollar del sarmiento de la vid.

yodo: color semejante al oro viejo, pero algo más oscuro, por lo que se asemeja al yodo.

Z

zafio: vino vulgar, sin atributos y con defectos.

Bibliografía

Barba, Lluís Manel. *Vinos de España. Ribera de Duero*. Ediciones Robinbook – Bon Vivant. Barcelona, 2003.

—. *Vinos de España. Aragón*. Ediciones Robinbook – Bon Vivant. Barcelona, 2003.

—. *Vinos de España. Castilla y León*. Ediciones Robinbook – Bon Vivant. Barcelona, 2004.

—. *Vinos de España. Penedés*. Ediciones Robinbook – Bon Vivant. Barcelona, 2003.

—. *Vinos de España. Rioja vol. 1*. Ediciones Robinbook – Bon Vivant. Barcelona, 2002.

—. *Vinos de España. Rioja vol. 2*. Ediciones Robinbook – Bon Vivant. Barcelona, 2002.

d'Este, Giuseppe. *El vino y su protocolo*. Ediciones Robinbook – Bon Vivant. Barcelona, 2002.

—. *Qué vino con qué comida*. Ediciones Robinbook – Bon Vivant. Barcelona, 2003.

Johnson, Hugs. *Historia del vino*. Blue. Barcelona, 2005.

Peñín, José. *Guía Peñín de los vinos de España 2006*. Peñín ediciones. Madrid, 2006.

Sicheri, Giuseppe. *El poder curativo del vino*. Ediciones Robinbook – Bon Vivant. Barcelona, 2003.

Simon, Joanna. *Conocer el vino*. Blume. Barcelona, 2004.

Vandyke Price, Pamela. *Historias curiosas del vino*. Ediciones Robinbook – Bon Vivant. Barcelona, 2004.

VV. AA. *Cavas y vinos de Cataluña.* Susaeta Ediciones. Madrid, 2003.

—. *Cómo degustar vinos. Curso de cata.* Susaeta Ediciones. Madrid, 2003.

—. *Cómo entender de vinos.* Susaeta Ediciones. Madrid, 2003.

—. *La bodega de casa. Cómo hacer una bodega y elegir los vinos.* Susaeta Ediciones. Madrid, 2004.

—. *Vinos de Andalucía.* Susaeta Ediciones. Madrid, 2004.

—. *Vinos de Castilla la Mancha.* Susaeta Ediciones. Madrid, 2003.

—. *Vinos de Galicia.* Susaeta Ediciones. Madrid, 2003.

—. *Vinos de la Ribera del Duero.* Susaeta Ediciones. Madrid, 2004.

—. *Vinos de Navarra y País Vasco.* Susaeta Ediciones. Madrid, 2004.

—. *Vinos de Rioja.* Susaeta Ediciones. Madrid, 2003.

Wiesenthal, M. y Navarro, F. *La cata de vinos.* Alba Editorial. Barcelona, 2005.

Woods, Simon. *No entiendo mucho de vinos… pero sé lo que me gusta.* Ediciones Robinbook – Bon Vivant. Barcelona, 2006.